감사 혁명
: 100년 된 시골교회가 젊은 교회 된 비밀

감사 혁명

저자 권준호

초판 1쇄 발행 2025. 10. 24.

발행처 도서출판 브니엘
발행인 권혁선

책임교정 조은경
책임영업 기태훈
책임편집 브니엘 디자인실

등록번호 서울 제2006-50호
등록일자 2006. 9. 11.

서울특별시 송파구 백제고분로28길 25 B101호 (05590)
마케팅부 02)421-3436
편 집 부 02)421-3487
팩시밀리 02)421-3438

ISBN 979-11-93092-49-1 03230

독자의견 02)421-3487
이 메 일 editorkhs@empal.com

북카페주소 cafe.naver.com/penielpub.cafe
인스타그램 @peniel_books

이 책은 저작권법에 따라 보호받는 저작물이므로 무단전제 및 무단복제를 금합니다.
이 책의 전부 또는 일부를 이용하려면 반드시 사전에 저작권자와 도서출판 브니엘의 동의를 받아야 합니다.

도서출판 브니엘은 독자들의 원고를 설레는 마음으로 기다리고 있습니다.
위의 이메일로 간단한 기획 내용 및 원고, 연락처 등을 보내주십시오.

도서출판 브니엘은 갓구운 빵처럼 항상 신선한 책만을 고집합니다.

「 100년 된 시골교회를 젊은 교회로 바꾼 감사이야기 」

감사 혁명

: 100년 된 시골교회가 젊은 교회 된 비밀

권준호 지음

추천의 글 1
감사는 교회에 회복의 은혜를 가져온다

「감사 혁명」은 단순한 교회 성장의 이야기가 아닙니다. 이 책은 하나님께서 '감사'라는 선물을 통해 한 교회와 그 공동체에 어떤 변화를 일으키실 수 있는지를 보여주는 살아있는 간증이며, 그 변화의 중심에 있는 송전교회의 놀라운 여정을 담은 은혜의 기록입니다.

100년이 넘는 세월 동안 묵묵히 그 자리를 지켜온 시골교회, 송전교회는 어느 날 작지만, 본질적인 질문 하나를 던졌습니다. "우리는 지금, 감사하며 살고 있는가?" 이 질문은 단순히 개인의 신앙생활을 점검하는 데 그치지 않았습니다. 그것은 교회 공동체 전체를 향한 하나님의 부르심이었고, 그 응답이 곧 '감사행전'이라는 실천적 여정의 시작이었습니다.

이 책은 감사가 어떻게 성도들의 삶을 바꾸었는지를 보여줍니다. 일상의 언어가 달라지고 감정이 변화되며 영적 분위기가 살아

납니다. 감사는 기적의 문이 되었고 고난을 견디는 내공이 되었으며 삶을 밝히는 빛이 되었습니다. 감사는 부정적인 감정을 정화시키고 성도들에게 삶의 의미를 새롭게 깨닫게 하였으며 무엇보다 하나님과의 관계를 더욱 친밀하게 만드는 통로가 되었습니다.

특히 인상 깊은 것은 송전교회가 감사를 말로만 외치는 것이 아니라 공동체의 문화로, 교회 시스템의 일부로, 훈련과 사역의 중심으로 구체화시켰다는 점입니다. 감사 일기 쓰기, 불평 없이 살아보기, 감사 캠페인과 릴레이, 감사 설교와 제자 훈련, 셀 교회 안에서의 실천 등 다양한 실천은 감사가 어떻게 영성의 습관으로 자리 잡을 수 있는지를 잘 보여줍니다.

더욱 놀라운 점은 이러한 감사의 실천이 교회 안에만 머물지 않고 지역사회 전체로 확산되었다는 사실입니다. 코로나19라는 전례 없는 위기의 시기에도 감사는 회복의 열쇠가 되었고, 신뢰를 회복하고 관계를 복원하는 능력이 되었으며 공동체의 온도를 높이는 사랑의 통로가 되었습니다. 감사는 전염되었습니다. 그리고 그 전염은 축복이 되었습니다.

「감사 혁명」은 단지 성공적인 교회 프로그램이나 노하우를 소개하는 책이 아닙니다.

이 책은 목회자와 성도, 나아가 한국교회 모두에게 던지는 하나님의 질문이며, 동시에 응답의 이야기입니다. 오늘날 위기 앞에 선 많은 교회가 놓치고 있는 본질, 곧 "범사에 감사하라"는 하나님의 뜻이 얼마나 위대한 능력인지를 이 책은 감동적으로 증언하고 있습니다.

누구나 감사를 말할 수는 있지만, 감사를 문화로 뿌리내리게 하고 신앙의 실천으로 정착시키며 공동체 전체를 움직이는 힘으로 만들어가는 일은 결코 쉽지 않습니다. 송전교회는 그것을 해냈고 그 과정에서 하나님께서 얼마나 기쁘게 일하셨는지를 증명해 보였습니다.

이 책은 교회의 회복을 꿈꾸는 목회자에게, 신앙의 정체를 경험하고 있는 성도에게, 그리고 감사를 잃어버린 현대 사회 속 모든 독자에게 주는 따뜻하고도 강력한 메시지입니다. 무엇보다 '감사'라는 작은 순종이 어떻게 큰 기적을 만들어내는지를, 한 교회를 통해 하나님께서 어떻게 영광을 받으시는지를, 진실하게 보여주는 소중한 증거입니다.

감사로 시작해 감사로 마무리되는 「감사 혁명」의 이야기가 오늘 우리 모두의 '감사행전'으로 이어지기를 기도하며, 이 책을 깊은 감동과 확신을 담아 기쁘게 추천합니다.

오세천 _ (사)행복나눔125 대표, DGIST 교수

[추천의 글 2
감사는
영적 생활의 열매다

먼저 권준호 목사님의 「100년 된 시골교회 젊은 교회 되다」에 이은 「감사 혁명」을 출간하게 되심을 축하드립니다. 저는 「100년 된 시골 교회 젊은 교회 되다」를 읽고 감동을 주체할 수 없어서 바로 교회를 방문하여 직접 권 목사님으로부터 책의 내용을 다시 들었던 적이 있습니다. 다시 들어도 감동이 가시지 않았던 기억이 아직도 생생합니다.

이제 「감사 혁명」을 받아보니 그때 생각이 나면서도 이번에는 "역시!" 하는 안도감이 들었습니다. 「감사 혁명」이 있어서 「100년 된 시골교회 젊은 교회 되다」가 검증되는 거 같습니다. 감사는 영적 생활의 열매라고 할 수 있습니다. 송전교회는 열매를 맺는 교회임이 증명되는 거 같아 감사하는 마음으로 많은 분이 빨리 이 책을 읽으시도록 추천드립니다.

강웅산 교수 _ 총신대학교 신학대학원장

감사는 송전교회에 주신 하나님의 선물이다

● 책의 탄생 배경

나는 「100년 된 시골교회 젊은 교회 되다」라는 책을 썼다. 송전교회의 변화와 성장 과정을 기록했다. 다른 교회들에 영감을 주고 싶었다. 빠른 길 대신 바른길을 선택하고 본질에 충실한 목회를 추구했다.

용인시 이동읍 송전리에 있는 송전교회는 1910년에 설립됐다. 나는 34살에 이 교회에 부임했다. 첫 목회라 경험이 없었다. 하나님께 지혜를 구했다. 그때 중요한 깨달음을 얻었다. 건강한 교회는 건강한 언어에서 시작된다는 것이다.

나는 언어 관련 책을 읽기 시작했다. 5년 이상 말에 대해 설교했다. 먼저 내 언어를 바꾸고 새로운 선포를 시작했다.

- 송전교회는 한국교회의 모델교회다.
- 송전교회는 역동적인 젊은 교회다.
- 전 성도가 전도하는 교회다.
- 전 성도가 제자 훈련하는 교회다.

선포한 대로 변화가 일어났다. 송전교회는 역동적인 교회로 성장했고 모델교회가 됐다. 성도들은 매주 전도 활동을 한다. 성도들의 언어가 변화하여 패배에서 승리의 고백으로 바뀌었다. 셀 모임에서는 감사를 나누고 감사 미션을 실천한다. 하나님이 주신 작은 승리를 나눈다. 언어는 긍정적으로 변하고 희망적인 고백이 늘었다.

「감사의 비밀」의 저자 박필 목사는 말한다.
"교회를 축복하는 교회가 부흥한다. 성도들을 축복하는 교회가 부흥한다. 지도자를 축복하는 교회가 부흥한다."

많은 교회가 감사를 시도하지만, 지속하기는 어려워 중간에 포기하게 된다. 바쁜 일정이 방해되고 현실적인 많은 문제가 있다. 성도들은 피로를 느낀다. 헌신이 필요하지만 인내가 부족하다.

부임 10년 후 특별한 경험을 했다. 한 성도의 모습을 보았다. 암 투병 중에도 감사하며 기도하는 모습이 인상적이었다. 그때 깨달았다. 감사는 하나님의 선물이었다. 목회의 어려움도 있었지만 성도들의 기도와 사랑으로 이겨내며 진정한 감사를 배웠다.

송전교회는 매일 감사를 실천한다. 이를 '감사행전'이라 부른다. 성도들은 매일 감사 미션을 수행한다. 아침에 미션을 받고 저녁에 감사를 나누며 셀 카톡방에 경험을 공유한다. 송전교회는 감사가 넘친다. 교회 문화가 바뀌었다. 험담은 줄고 성도들은 행복해졌다. 믿음이 성장했다. 이는 혁명적 변화였다. 성도들의 참여가 늘었다. 예배는 더욱 열정적이다. 교회가 완전히 달라졌다. 감사가 교회를 바꿨다.

● 책의 구성

이 책은 세 부분으로 구성됐다.
1. 감사가 교회에 미친 영향
2. 감사가 가정과 다음세대에 미친 영향
3. 교회의 감사 적용방법

부록에는 감사 매뉴얼을 수록했다.

송전교회 성도들의 감사 이야기가 책에 담겨있다. 이 생생한 이야기는 교회의 혁명적 변화를 증명한다. 감사는 교회를 완전히 바꾸었다. 이 책은 주일학교 교사, 셀리더, 그리고 건강한 교회를 꿈꾸는 목회자 모두에게 유익할 것이다.

송전교회 장로님과 중직자들, 셀리더들의 헌신에 깊이 감사드린다. 이분들의 동역 덕분에 매일 기쁨으로 목회하고 있다. 이분들의 헌신을 생각할 때마다 가슴 저리도록 고맙다. 송전교회 성도님들께도 진심으로 감사드린다. 이들은 언제나 순종과 사랑으로 교회를 섬겨주셨다. 이들의 헌신이 없었다면 지금의 송전교회도 없었을 것이다. 사모와 자녀 은서, 은혁이에게도 깊은 고마움을 전한다. 그들은 든든한 지지자이며 늘 큰 힘이 되어주고 있다.

글쓴이 권준현

C·O·N·T·E·N·T·S
차 례

추천의 글 _ 감사는 교회에 회복의 은혜를 가져온다 ------- 004
프롤로그 _ 감사는 송전교회에 주신 하나님의 선물이다 ----- 008

Part 1. 감사가 성도와 교회를 바꾸었다

1. 감사로 성도들이 바뀌었다 ----------------- 019
- 감사로 영적 생활이 변화되었다
- 감사와 행복은 비례한다
- 감사로 부정적 감정을 감소시킨다
- 감사는 고난 극복의 열쇠이다

2. 감사가 셀과 교육부서를 성장시켰다 --------- 032
- 감사는 팀워크를 높인다
- 감사는 교육부에 도움이 되었다
- 셀원들을 행복하게 했다
- 범사에 감사하게 되었다
- 성도를 전도지로 만들었다

3. 감사로 교회 주변 지역사회가 바뀌었다 ------- 054
- 감사가 코로나19 회복을 도왔다
- 감사는 전염된다
- 감사로 서로 신뢰가 생긴다
- 감사가 지역사회를 행복하게 한다

Part 2. 감사는 축복을 가져온다

1. 하나님의 선물, 감사를 만나다 ------------- 073
   - 감사는 하나님의 선물이다
   - 감사는 반드시 배워야 할 기술이다
   - 감사를 먼저 선택하라
   - 감사 습관을 들이자
   - 감사 내공을 쌓자

2. 감사는 가정을 은혜롭게 만든다 ------------ 087
   - 감사는 좋은 부부 관계를 유지하게 한다
   - 감사가 자녀 교육에 유익하다
   - 가정에 감사를 예금하자

3. 감사는 교회를 건강하게 만든다 ------------ 098
   - 감사는 교회 분위기를 좋게 했다.
   - 감사는 내적 치유를 해주었다
   - 감사는 친절로 이어진다
   - 감사는 영적 전쟁에서 승리하게 한다
   - 감사는 영성을 높여준다

Part 3. 감사, 교회에 어떻게 적용할까?

1. 불평 없이 살아보기 ---------------------- 121
- 불평 없이 살아보기의 유익
- 불평 없이 살아보기 시작하다
- 불평 없이 살아보기 이야기
- 송전교회 불평 없이 살아보기 매뉴얼
- 추수감사절 감사 릴레이

2. 감사 일기로 일상에서 감사하기 ------------- 145
- 감사 일기의 유익
- 감사 일기 시작하다
- 감사 일기 진행하다
- 감사 저금통, 추수감사절에 봉헌하다

3. 감사행전으로 은혜 나누기 ----------------- 159
- 감사의 말을 시작하다
- 서머캠프를 감사로 하다
- 감사행전을 시작하다
- 감사행전으로 삶을 변화시키다
- 감사행전은 이렇게 진행했다

4. 감사 캠페인으로 감사 훈련하기 ------------- 174
- 담임 목회자의 집중력
- 감사설교로 동기부여
- 제자 훈련에서의 감사 훈련
- 훈련된 성도들이 감사운동을 이끌어갔다
- 셀교회의 감사 훈련, 셀 교제를 풍성하게 하다
- 송전교회 성도들의 감사행전
- 송전교회 성도들의 감사 이야기

에필로그 _ 감사는 나부터 시작해야 한다. ----------------- 195

▶ 특별수록 : 추수감사축제 매뉴얼 및 감사행전 미션 내용

P·A·R·T·1

감사가 성도와 교회를 바꾸었다

C·H·A·P·T·E·R·1
감사로 성도들이 바뀌었다

감사로 영적 생활이 변화되었다

성공한 부자들의 3감

영국의 작가이자 BBC 방송의 전 프로듀서인 로버트 홀튼은 성공한 부자들의 3가지 감정을 발견했다. 바로 '감사, 감탄, 감동'이다. 이런 3감의 구체적 의미는 다음과 같다.

첫째, 감사하는 마음이 중요하다. 우리가 가진 것에 고마워하면 더 좋은 것이 찾아온다.

둘째, 감탄으로 주위를 보며 "와, 대단하다"라고 말한다. 감탄하는 사람은 멋진 삶을 산다.

셋째, 맞장구치며 듣고 감동하며 공감하는 것이 필요하다.

'3감'은 영적 부자의 비결이다. 영적 성장이 일어나고 멋진 삶이 펼쳐지며 많은 것을 얻게 된다.

하나님은 감사를 기뻐하신다. 성경에서 감사 관련 단어는 177번 이상, 감사하라는 명령은 33번 등장한다. 셀리 톰프슨 루이스는 분명하게 말한다. "감사는 영적 삶을 가늠하는 척도다." 바울은 성령 충만은 감사를 넘치게 한다는 중요한 사실을 전한다.

"술 취하지 말라. 이는 방탕한 것이니 오직 성령으로 충만함을 받으라. 시와 찬송과 신령한 노래들로 서로 화답하며 너희의 마음으로 주께 노래하며 찬송하며 범사에 우리 주 예수 그리스도의 이름으로 항상 아버지 하나님께 감사하며"(엡 5:18-20).

성령이 충만하면 감사가 가득하다. 감사가 가득하면 성령이 충만해진다. R.A 토레이 박사는 '감사 충만'을 '성령 충만'이라 불렀다. 윌리엄 로우의 말은 의미 깊다. "위대한 성자는 기도만 많이 하는 사람이 아니다. 금식만 많이 하는 사람도 아니다. 자선만 많이 베푸는 사람도 아니다. 범사에 감사하는 사람이다."

영성과 감사의 관계

박필 목사는 불평과 원망은 기도와 영성을 무너뜨린다고 말한다. 감사는 다음을 이룬다.

- 성령의 사람이 된다.
- 예수님의 제자가 된다.
- 예수님을 닮게 된다.
- 최고의 영성에 이른다.

나 역시 이 말에 깊이 공감한다. 내 인생을 돌아보면 힘들고 어려운 상황 속에서도 감사할 수 있을 때 신앙이 성장했고 영적으로 성숙해졌다. 불평과 원망은 오히려 영혼을 메마르게 하고 하나님과의 관계를 멀어지게 하였다.

※ 송전교회 성도들의 감사 이야기

조점이 권사는 생활 속 일들에 민감하게 반응하며 계속 생각하고 속상해했다. 부정적인 생각이 들어 힘들었다. 그런데 감사 생활을 몇 년째 하면서 변화가 일어났다. 화가 나도 '그럴 수도 있지' 하고 생각이 바뀌었다. 영적으로 게을러지려 했지만 감사로 인해 열정이 생겼다. 하나님께 더욱 감사하게 되었다. 감사가 얼마나 소중한지 깨달았다.

이와 같이 감사는 우리 영혼에 평안과 기쁨을 가져다준다. 영적 게으름을 열정으로 되돌린다. 우리를 하나님께 더 가까이 나아가게 한다. 감사야말로 영적 생활의 원동력이 되는 것이다. 우리 마음에 감사가 넘친다면 예수님의 참 제자로 살아갈 수 있을 것이다.

감사와 행복은 비례한다

한국의 행복지수 현실

핀란드는 세계 행복지수 순위에서 6년 연속 1위를 차지했다. 핀란드 국민의 삶의 만족도는 매우 높은데 이는 감사가 일상화된 결과이다. 핀란드에는 '시수'(Sisu)라는 문화가 있다. 시수는 배짱과 용기, 어려운 상황에서도 감사하는 태도를 말한다. 이것은 의도적인 감사 습관이다.

그에 반해 한국은 137개국 중 57위에 머물렀다. 경제 수준보다 행복도, 사회와 정치에 대한 만족도가 낮다. 젊은 세대의 행복도는 더욱 낮다. 연세대 심리학과 김혜숙 교수는 한국인 1,500명을 조사했다. 감사 성향이 높은 사람일수록 행복감이 높았다. 한국 사회의 낮은 감사 문화가 행복도 하락의 원인이다.

이와 같은 사회 현상에 관하여 스완 아처는 "한국이 감사 일기 쓰기 운동이 가장 필요한 나라"라고 말한다. 한국인은 세계 최고의 근면성을 가졌다. 과도한 불만과 부정적 정서로 행복하지 않다. 옥

스퍼드대 행복연구소장 닉 마크스는 한국인의 인색한 감사 표현을 지적한다. 이로 인해 마음의 여유가 없고 삶의 질이 떨어진다.

감사와 행복의 상관관계 연구

존 템플턴 재단의 연구 결과는 명확하다. 일상에 매우 감사한 사람의 59%가 높은 삶의 만족도를 보였다. 감사하지 않는 사람의 만족도는 현저히 낮았다. 템플턴은 감사하는 마음이 부자를 만든다고 말한다. 감사는 부를 만들고 불평은 가난을 부른다. 감사는 행복의 문을 열고 근심을 해소한다. 타고르는 "감사의 분량이 곧 행복의 분량이다"라고 말했다. 감사는 행복의 시작이다.

김희아 씨는 얼굴의 반이 큰 점으로 덮여있다. 사람들은 그녀를 괴물이라 불렀다. 열 살까지 예쁘다는 말을 듣지 못했다. 그녀는 비난 속에서도 행복했다. 감사가 그 비결이다. 붉은 점에는 이유가 있다고 믿었다. '감사합니다' 다섯 글자가 힘이 되었다. 25세에 암 판정을 받았다. 두려웠지만 살고자 하는 의지로 감사했다. 절망 속에서도 감사할 이유를 찾았다. 그녀의 환한 미소는 항상 방문객들을 놀라게 했다.

김희아 씨의 고백은 분명하다. 고난은 감사의 은혜를 가르쳤다. 외모는 아름답지 않지만 하나님 안에서 가장 빛나는 여인이다. 감사는 삶의 축복이다. 역경을 은혜로 바꾸었다. 감사는 그녀가 하나님의 사랑을 전하는 삶을 살게 했다.

스위스 철학자 칼 힐티의 말은 명확하다.

행복의 첫 조건은 감사다.
행복해서 감사하는 것이 아니라
감사해서 행복해지는 것이다.

존 밀러도 같은 생각이다. "행복의 크기는 감사의 깊이에 달렸다. 감사는 삶을 행복으로 이끄는 원동력이다."

〈 송전교회 감사 캠페인의 교훈 〉

송전교회의 감사 캠페인은 세 가지 교훈을 남겼다.
1. 감사 표현은 행복을 만든다.
2. 감사의 실천은 행복을 가져온다.
3. 감사 표현은 마음을 기쁨으로 채운다.

※ 송전교회 성도들의 감사 이야기

안희정 청년은 감사 실천 전에는 부정적이고 험한 말을 많이 했었다. 하지만 매일 감사를 실천하면서 긍정적으로 변했고 어려운 상황에서도 불평 대신 긍정적으로 생각하게 되었다. 작은 일에도 감사하며 밝은 성격으로 바뀌었고 미래에 대한 희망도 생겼다.

안희진 청년은 제자 훈련 전에는 감사의 중요성을 몰랐다. 웃거나 예쁜 말만 하면 긍정적이라 생각했지만 훈련을 통해 감사의 의미를 깨닫고 실천하게 되었다. 처음엔 어색했으나 감사를 실천하며 진정한 행복을 찾았다. 짜증 나는 상황에서도 감사할 수 있게 되었고 세상이 아름답게 보였다.

감사로 부정적 감정을 감소시킨다

희망의 씨앗을 심은 소년

숲속 산책이 상쾌한 것은 풍부한 산소 덕분이다. 적정 산소는 피로를 없앤다. 공기 정화기가 인기 있는 이유다. 요즘 지구의 허파라고 불리는 아마존 밀림이 사라져가고 있다. 자연과 동물의 보금자리가 무너지고 기후 위기는 점점 심각해지고 있다.

독일 소년 펠릭스는 북극곰의 처지에 마음 아파했다. 그는 나무 100만 그루 심기 운동을 시작했다. 주변의 비웃음도 그를 멈추지 못했다. 3년간 50만 그루를 심었다. 유엔 연설장에서 그는 외쳤다. "모두 함께 나무 1조 그루를 심읍시다!"

펠릭스의 이야기는 교훈을 준다. 나무는 이산화탄소를 흡수하고 산소를 배출한다. 감사가 우리 삶의 청정 산소라면 불평은 해로운 이산화탄소다. 현대 사회는 불평의 매연으로 가득하다. 다음세대는 혐오 속에서 자라고 일터에는 원망이 넘친다. 성경은 이를 죄성의 결과로 보고 심리학은 부정 편향의 산물로 설명한다.

감사는 강한 의지가 필요하다.
긍정의 끈을 놓치면 원망이 찾아오고
분노가 마음을 지배한다.

우리는 포기할 수 없다. 감사는 영혼의 생명력이다. 매일 감사를 실천하며 감사의 숲을 함께 가꿔야 한다. 이것이 희망찬 세상의 시작이다.

뇌과학의 발견

뇌과학의 발견은 흥미롭다. 인간의 뇌는 반복된 행동에 길들여진다. 뇌에는 행동 패턴의 통로가 생기는데 이 통로는 시냅스로 이루어진다. 시냅스는 일방통행로다. 형성된 경로는 자극에 쉽게 반응한다. 화는 부정의 회로를 만들지만 감사는 긍정의 통로를 열어준다. 감사의 훈련은 부정적 사고를 막아서 부정 감정의 힘을 줄여준다.

박필 목사는 「감사의 비밀」에서 말했다. "감사는 내면의 변화를 일으킨다. 미움과 시기가 사라진다. 분노와 원망이 없어진다. 밝음과 평안이 찾아온다." 감사는 부정의 사슬을 끊고 기쁨과 평화를 가져다준다. 감사는 행복으로 가는 길이다.

※ 송전교회 성도들의 감사 이야기

김은미 집사는 반복된 훈련을 통해 불편한 상황에서도 불평 대신 감사할 점을 찾게 되었다고 말한다. 감사행전은 부정적인 감정이 생길 때 이를 그대로 받아들이지 않고 감사하는 마음으로 전환하는 방법이다. 예를 들어, 거칠게 운전하는 차나 무례한 행동을 보면 욱하는 마음 대신 이해하는 마음이 생겼다. 이는 감사행전을 통해 부정적인 감정을 멀리하려는 습관과 감사의 힘이 강해진 결과라고 설명한다.

아이들이 학교나 친구와의 관계에서 불만을 표현할 때, 감사행전을 통해 긍정적인 면을 보도록 이끌었다. 처음에는 엄마의 방식을 불만스러워했지만 지속적인 대화를 통해 아이들도 점차 긍정적인 태도를 보이려 노력했다고 한다.

서지혜 집사는 감사행전을 실천하면서 불평하지 않으려 애썼다. 매사에 불평이 많았던 그녀는 감사행전을 하면서 때로는 자신의 허벅지를 꼬집으며 불평을 말하지 않았다. 그럼에도 불평이 나오는 순간에는 바로 회개하고 바르게 생각하려고 노력했다. 현재는 부정적인 마음이 생길 때면 말씀을 떠올리며 기도로 감사를 선언한다. 자녀, 가족, 이웃들과 대화할 때도 부정적인 이야기가 나오면 호응하지 않고 감사한 점을 찾아 전하며 긍정적으로 이끌곤 한다.

감사는 고난 극복의 열쇠이다

감사는 만능키다

아파트에는 열쇠가 필요하다. 자동차에도 회사에도 열쇠가 필요하다. 인생에도 특별한 열쇠가 필요하다. 우리 인생에서 열어야 할 문이 있다. 건강의 문, 물질의 문, 인간관계의 문, 업무의 문이다. 이 모든 문제를 해결하는 만능키는 감사다.

"감사로 제사를 드리는 자가 나를 영화롭게 하나니 그의 행위를 옳게 하는 자에게 내가 하나님의 구원을 보이리라"(시 50:23).

여기 '하나님의 구원'은 영생을 뜻하지 않는다. 모든 고난에서의 해방을 의미한다. 하나님은 감사하는 자에게 회복력을 선물한다.

카우아이섬의 회복력 연구 사례

회복력은 역경 속에서 다시 일어서는 힘이다. 이를 증명하는 흥미로운 연구가 있다. 하와이 군도 서북쪽 끝에 카우아이라는 작은 섬이 있었다. 1950년대 이 섬의 주민 대부분은 범죄자였다. 많은 주민이 알코올 중독자였다. 1954년 워너 연구팀이 이 섬에 도착했다. 다음 해에 833명의 신생아가 태어났는데 연구팀은 이 아이들을 30년간 추적했다.

열악한 환경의 아이들 201명을 특별히 관찰했다. 그중 72명이 밝고 훌륭하게 성장했다. 이들은 학창 시절 개근상과 우수상을 받았다. 워너 교수는 중요한 사실을 발견했다. 건강하게 성장한 아이 곁에는 항상 든든한 어른이 있었다. 이 아이들은 뛰어난 회복력을 보였다. 회복력의 근원은 감사다. 감사는 우리 삶의 모든 문을 여는 열쇠다. 감사는 역경을 이기는 힘을 준다.

샤넬은 감사의 힘에 대해 이렇게 말했다. "우리는 많은 역경을 만난다. 이별을 겪는다. 시험에 떨어진다. 물건을 잃어버린다. 자판기가 동전을 삼키기도 한다. 우리는 분노하고 좌절한다. 이때 회복력이 필요하다. 회복력은 절망하지 않는 힘이다. 오뚝이처럼 다시 일어나는 힘이다. 이 힘은 감사에서 온다."

한정원은 고등학교 체육교사였다. 그녀는 교직원 연수 중 교통사고를 당했다. 사고로 다리를 절단해야 했다. 그러나 그녀는 하나님을 원망하지 않았다. 오히려 감사를 선택했다. 재활을 거쳐 골프를 시작했고 마침내 세계 장애인 골프 대회에서 메달을 획득했다.

감사는 회복력을 키운다.
힘든 상황에서도 우리를 일으킨다.
절망 대신 희망을 주며 고난을 이기게 한다.
만족스러운 삶으로 인도한다.

※ 송전교회 성도들의 감사 이야기

김선미 집사는 청각 장애에도 불구하고 감사했다. 그녀는 찬양 사역에 참여하고 싶었지만 귀가 들리지 않아 망설였다. 그러나 감사행전과 제자 훈련을 통해 용기와 담대함을 얻어 성가대에 신청했고 받아들여졌다. 지금은 다른 성가대원들과 함께 은혜롭고 기쁘게 찬양을 드릴 수 있음에 감사하며 성도들의 칭찬이 큰 용기가 되었다고 말한다.

송인록 권사는 「말이 바뀌면 인생이 바뀐다」를 읽으며 감사의 중요성을 깨달았다. 가족 건강 문제로 심각한 위기에 처했을 때 기도하며 교회 감사행전에 꾸준히 참여하였고 고난을 극복했다. 하나님을 바라보며 살리는 말, 축복의 말, 감사의 말을 실천하기로 결심했다. 매일 감사 훈련으로 힘을 얻고 성도들과 감사를 나누며 격려받아 고난을 극복했다. 감사는 하나님을 붙잡는 힘이 되었다.

CHAPTER 2
감사가 셀과 교육부서를 성장시켰다

감사는 팀워크를 높인다

팀워크와 감사의 관계

팀워크는 공동의 목표를 향한 협력이다. 두 명 이상이 하나의 비전을 공유한다. 감사는 팀워크를 강화하는 핵심 요소이며 비전 공유를 촉진한다.

경희대 테크노 경영대학원 임규남 교수가 책을 출간했다. 그는 성공하는 신입사원의 비결을 분석했다. 주목받는 신입사원들은 한 가지 공통점이 있다. 그들은 감사 표현을 잘 활용했다. 감사는 직장 생활을 즐겁게 만든다. 팀워크도 향상된다.

〈 감사 표현의 3가지 방법 〉
1. 자신과 가족부터 감사를 시작한다.

2. 일상의 작은 일에서 감사할 것을 찾는다.
3. 감사한 마음을 적극적으로 표현한다.

지니 르메어 박사는 감사의 효과를 입증했다. 감사받은 사람은 더 협조적으로 된다. 빅터 립맨의 연구도 중요한 시사점을 준다. 2012년 직장인의 51%가 감사 부족으로 퇴사를 고려했다. 2017년엔 이 수치가 66%로 증가했다. 세라 앨고 박사는 직장 내 감사의 중요성을 강조했다. 감사는 친밀감을 만들고 유대감을 형성하며 팀워크를 강화한다.

나작지 감사의 파급력

고지마 섬의 원숭이 실험은 '나작지 감사'(나부터, 작은 것부터, 지금부터)의 원리를 보여준다. 1952년 일본 고지마 섬에서 고구마 씻기 행동이 한 원숭이에서 다른 원숭이로 전파되고, 더 나아가 다른 지역의 원숭이 집단까지 퍼져 나간 현상을 관찰한 실험이다. 이 현상은 특정 인구 집단에서 새로운 행동이 일정 수에 도달하면(이른바 '백 번째 원숭이'), 설명할 수 없는 수단을 통해 다른 집단으로 빠르게 확산된다는 '백 번째 원숭이 효과'의 대표적인 사례로 자주 언급된다. 감사도 같은 원리로 작동한다. 한 사람의 감사가 가족으로, 공동체로, 교회 전체로 번져나간다.

'나작지 감사'의 결과
- 가정이 화목해진다.
- 직장 팀워크가 좋아진다.
- 성도 간 관계가 깊어진다.
- 교회가 비전을 공유한다.

⟨ 송전교회의 실천 ⟩

송전교회는 '불평 금식 데이'를 운영한다.
매주 하루는,
- 불평을 금지한다.
- 감사로 대체한다.

⟨ 송전교회의 3불 원칙 ⟩

1. 불평 금지
2. 불순종 금지
3. 불참석 금지

해피코스 페스티벌에서도 이 원칙이 빛났다. 전체 스태프가 금식했고 새벽예배에 참석했다. 이는 감사가 만든 순종의 결실이다. 감사는 송전교회의 비전 공유를 강화했다.

※ 송전교회 성도들의 감사 이야기

권은혁 전도사는 감사의 영향을 간증한다. 그는 중고등부 담당 선교사이다.

"찬양팀 활동 속에서도 상처받는 일 없이 항상 감사를 중심으로 서로를 격려하고 있다. 작은 실수는 문제로 여기지 않는다. 중고등부 학생들과도 감사 훈련을 통해 문제 속에서도 감사할 점을 찾으며 사역하고 있다. 어떤 상황에서도 감사할 수 있는 이유는 송전교회가 감사로 가득 차 있기 때문이다. 감사는 청소년부가 하나 되게 만들고 있다."

셀 안에서도 귀한 고백들이 있다. 신정현 권사는 말한다.

"제자는 사람과 어울리며 점점 예수님을 닮아간다. 주님을 닮는 가장 좋은 비결은 감사하는 것이다. 감사를 통해 사역 현장에서 땀과 눈물을 흘린다. 하나님의 가족인 교회도 가족이기에 사랑이 없다고 떠나는 것은 어리석고 위험하다. 우리는 영원히 하나님 가정에 속한 자녀들이다. 불평이 가득한 집보다는 감사하며 서로 돕는 가정에 웃음이 가득하다. 모든 가족이 힘을 합쳐 한 명이라도 더 하나님의 가정으로 데려오는 것이 중요하다. 하나님의 부르심에 따른 섬김은 풍성한 열매를 맺게 한다. 감사 훈련을 통한 팀 사역은 역량을 키우고 빛을 발하게 한다."

감사는 교육부에 도움이 되었다

교육 현장의 언어 실태

한국교원대학신문의 조사에 의하면 초등학생의 73.6%가 이미 욕설을 사용하기 시작한다. 인하대학교 국어문화원의 조사도 심각하다. 청소년의 95%가 일상적으로 욕설과 비속어를 사용한다. 대부분의 학생은 욕설의 의미도 모른 채 사용한다. 주 10회 이상 욕설을 사용하는 학생도 많았다.

양경윤 교사는 학생들의 욕설 사용을 우려했다. 욕설은 일반 단어보다 4배 더 잘 기억된다. 이는 분노와 공포감을 유발하고 정상적인 사고를 방해한다. 욕설은 타인과 자신에게 분노를 일으킨다. 지속적인 욕설 사용은 인격 형성에 악영향을 준다.

대구시 교육청은 2022년 특별한 시도를 했다. 초등학교 3학년부터 중학교 3학년 자녀가 있는 40개 가정을 선정했다. 이들은 역사적 장소를 탐방하며 가족과 함께 감사의 가치를 배웠다. 이는 코로나 시대의 인성교육 프로그램이었다. 참여 가정은 서로에 대한 이해가 깊어졌다.

감사의 힘과 교육적 가치

존 F. 케네디의 말은 의미심장하다. "자녀에게 감사를 가르치면 더 나은 미래가 열린다." 이와 관련된 충남 보령시 대천여중의 사례는 인상적이다. 서승제 교사는 합창단을 만들었다. 전국대회에서 6번이나 우승했다. 학생들은 재능이 있었다. 가정형편은 어려웠지만 교사는 감사와 배려로 지도했고 그의 열정은 학생들에게 영감이 됐다. 제임스 깁스 박사는 감사의 우선순위를 강조했다. 감사하는 법을 배우면 행복해진다고 했다. 강인훈 목사는 감사의 특별한 힘을 설명했다.

감사는 강력한 무기다.
'범사에 감사'는 끊임없는 감사를 뜻한다.
'감사합니다'라는 말은 긍정 에너지를 발산한다.
감사는 방전된 삶을 충전한다.

※ 송전교회 성도들의 감사 이야기

허은정 교사는 청소년 사역에 감사 미션을 도입했다.

"매일 새로운 감사행전을 통해 자주 당연하게 여겼던 것들에 감사를 느낄 수 있었다. 중고등부 학생들은 억압받기를 싫어하지만 감사 미션 덕분에 밝게 인사하고 희망의 말을 나누며 감사를 표현하는 모습을 보여주었다. 특히 가족과 함께하는 미션은 서먹한 관계를 변화시켰고, 친구들과의 미션은 전도의 기회가 되었다. 감사행전을 통해 삶의 매 순간에 감사를 느낄 수 있게 되었다."

이문형 학생은 이렇게 간증했다.

"감사가 없었을 때는 부흥도 이루어지지 않았다. 담임목사님께서 감사의 귀중한 가치를 우리에게 가르쳐 주셨다. 덕분에 감사가 우리 교육부에 활력을 불어넣었다. 이제 모든 학생이 불평 대신 웃음과 감사를 나누는 교육부가 되었다. 매일 감사를 실천하며 하나님께 감사드릴 수 있었다. 감사는 교육부서를 변화시켰다. 우리 학생들은 친구와 가족에게도 감사를 표현하고 있다. 오늘도 감사하는 마음으로 하루를 보낼 수 있음에 감사하다."

셀원들을
행복하게 했다

감사와 구원, 행복의 관계

전 세계 어느 나라에서든 아이들이 처음 배우는 말은 엄마, 아빠이다. 다음으로 배우는 말은 '감사합니다' 이다. 중국어로는 쉐쉐, 일본어로는 아리가토, 베트남어로는 깜언이다.

어린이 동화에 이런 우스운 이야기가 있다.
어느 날, 해가 진 어둡고 캄캄한 시간에 한 사람이 숲속을 지나고 있었다. 갑자기 며칠 굶은 커다란 곰과 마주 서게 되었다. 그 사람은 이제 죽었구나 생각하고 기도하기 시작했다.
"하나님 살려주세요. 제발 저를 좀 살려주세요."
그런데 곰도 똑같은 기도를 하나님께 드렸다.
"오, 하나님 오늘도 저에게 일용한 양식을 주셔서 감사합니다."
하나님은 어느 기도를 들어주셨을까? 불쌍한 사람의 기도였을까 감사한 곰의 기도였을까? 그것은 상상에 맡기겠다.

하버드대학에서 행복학 강의를 하는 탈 벤 샤하르 교수는 그의 책 「해피어」에서 이렇게 말했다. "무슨 일이 일어나든 감사하는 법을 배웠을 때 기회가 오고 인간관계가 개선된다. 심지어 인생의 풍요로움이 내게 다가왔다." 즉 행복학 강의의 핵심은 감사하라는 것이다. 그래서 아리스토텔레스는 행복은 감사하는 사람의 것이라고 말했다.

감사 나눔의 중요성

목회데이터연구소 지용근 소장도 소그룹의 감사 모임이 효과적이라고 언급했다. 신앙생활이 그렇듯이 감사 생활 역시 혼자서 꾸준히 하기는 어렵다. 감사 나눔 모임은 감사 생활을 지속하는 데 매우 효과적이다.

소그룹 활동을 하는 사람이 비활동자보다 감사 성향이 훨씬 높았다. 이는 소그룹 모임에서 감사 나눔이 매우 유효함을 입증한다. 감사 생활은 세상을 바라보는 긍정적인 시각을 키워준다. 더불어 사람과의 관계를 긍정적으로 변화시키는 힘도 있음을 확인할 수 있었다.

셀 전문가 랄프 네이버는 셀원들과 서로 교제하며 섬기는 일은 셀교회 건강의 핵심이라고 말한다. 셀교회 모임이 건강하면 대그룹 교회도 건강해진다.

송전교회에서는 셀 모임이 매우 활발하며 방학 없이 지속된다. 코로나 시국에도 셀 모임은 계속되었다. 셀 모임이 원활하게 이루어지기 위해서는 주중에 셀 생활이 잘 진행되고 셀 식구들끼리 잘 어울려야 한다. 이러한 문제를 해결해 준 것이 바로 감사행전이다.

매일 감사 미션을 실천하고 그 소감을 셀 카톡방에 공유한다. 이를 통해 셀 식구 간의 교제가 매우 풍성해진다.

이와 같이 감사는 셀 모임을 하는 데 도움이 된다. 셀 모임을 역동적이게 한다. 감사는 셀원들을 행복하게 한다.

※ 송전교회 성도들의 감사 이야기

조명희 권사는 감사 일기로 행복을 찾는다. 그녀는 이렇게 말한다.

"우리 코람데오 셀 모임은 현재 13명으로 대부분 나이 드신 분이다. 모두 믿음이 깊으신 분들이다. 2020년부터 아침마다 셀리더 단톡방에 올라오는 감사 미션을 빠짐없이 수행하고 있다. 우리 셀원들은 글로 감사를 표현하기 어려워서 열심히 말로 감사를 전한다. 일부 셀원들은 일상에서 발견한 감사를 단톡방에 공유하기도 한다. 그럴 때면 단톡방이 소통의 장소가 되고 기도 제목을 함께 나누고 기도하는 장소가 된다.

감사 일기는 좋지만 때로는 힘들게 느껴지기도 한다. 가끔 쓰다 잠들어서 다음 날 올리기도 한다. 그래도 감사를 생활화하니 부정적인 생각들이 사라졌다. 앞으로도 멈추지 않고 계속 작성할 것이다. 감사합니다."

셀리더 윤석철 집사는 감사행전에 대한 어려움을 고백한다.

"한동안 감사를 셀에 올리지 못했는데, 올리는 방법을 몰랐기 때문이다. 이를 몰라 죄송한 마음이 들었지만 배우고 나서 기분이 좋아졌고 셀원들의 감사 참여율도 높아졌다. 이제는 셀에서 감사행전을 매일 올리며 셀원들에 대한 관심과 열정이 생겼고 셀원들도 더 행복해졌다."

범사에 감사하게 되었다

감사와 행복의 비결

1930년대 미국의 보험 회사에서 일했던 하인리히는 산업현장의 사고를 분석하는 업무를 했다. 그는 큰 사고는 갑자기 일어나지 않는다는 것을 발견했다. 심각한 사고가 발생하기 전에 여러 가지 작은 경고 신호들이 있다고 주장했다. 이를 바탕으로 그는 "하나의 대형 사고가 일어나기 전에 29건의 작은 사고와 300건의 더 작은 위험 신호가 있다"라는 '1:29:300 법칙'을 제안했다.

감사의 영역에서도 하인리히의 법칙이 적용된다. 사람들은 큰 불행이 오지 않으니까 불평을 계속한다. 크고 작은 문제가 생겨도 대수롭지 않게 넘긴다. 결국 큰 불행이 찾아온다. 하지만 300번 감사하면 좋은 일이 29번 생긴다. 나중에는 대박 감사한 일이 생긴다.

컴퓨터 시스템과 데이터 상호교환 용어 중에 GIGO(Garbage In, Garbage Out)라는 것이 있다. 유익한 결과를 얻으려면 유익한 입력값이 있어야 한다는 뜻이다. 쓰레기 같은 정보를 입력하면 쓰레기 같은 것밖에 출력되지 않는다는 의미로 사용하고 있다.

범사에 불행을 입력하면 불행이 나온다. 범사에 원망을 입력하면 원망스러운 일이 나온다. 범사에 감사를 입력하면 감사할 일이 나온다. 그러므로 모든 일에 감사로 반응하는 것이 중요하다.

행복의 비결은 무엇일까? 선인장학재단 이사 이한수 씨는 "모든 것에 만족할 줄 알아야 한다. 욕심을 적게 내는 것이다. 범사에 감사하라"고 말한다. 모든 일에 감사하는 사람은 불만이 없다. 불안을 느낄 틈이 없다. 범사에 감사하라는 말씀은 인류를 행복으로 이끄는 최고의 권면이다.

하버드 의대 정신과 교수 데이비드 로스마린 박사는 신앙과 영성을 통합하는 인지 행동 치료와 심리치료를 하고 있다. 그는 신앙은 없지만 감사하는 사람과 신앙이 있으면서 범사에 감사하는 사람 405명을 대상으로 행복도를 조사했다. 그 결과 신앙이 있으면서 범사에 감사하는 사람이 훨씬 더 심리적으로 유익을 많이 얻었다.

범사에 감사하는 삶의 실천

"범사에 우리 주 예수 그리스도의 이름으로 항상 아버지 하나님께 감사하라"(엡 5:20).

주님은 우리가 범사에 감사하기를 원하신다. 하지만 안타깝게도 범사에 감사하는 삶은 잘 실천되고 있지 않다. 목회데이터연구소의 설문조사에 따르면 감사 생활을 하는 성도는 20%에 불과했다. 즉 70%의 성도는 감사 생활을 하지 않고 있다는 것이다. 또 한 가지 주목할 점은 기독교인의 46%가 고난 중에도 감사한 경험은 없다고 답했다는 것이다. 이는 좋은 일이 있을 때만 감사한다는 의미이다. 그러므로 범사에 감사하는 훈련이 절실히 필요하다.

가족을 감사하자. 나를 감사하자. 모두를 감사하자.
감사로 시작해서 감사로 마치는 하루가 복되다.

기왕이면 넘치는 감사를 하자. 감사를 미루면 감사도 시든다. 사건조차도 감사하는 순간 기적으로 돌아온다. 감사는 여권과 같다. 국경이 없다. 감사가 DNA가 될 때 정상을 살게 된다. 차선이 최선, 최고로 돌아온다. 감사는 헤아리면 헤아릴수록 커진다. 때에 맞는 감사가 성공 인생의 보증수표가 된다. 감사가 내 마음의 이력서가 된다. 하루에 다섯 가지를 감사하자. 이것이 범사 감사의 예이다.

〈 가나다라 감사 〉

감사에 대해서 재밌는 글을 읽었다.

가 - 가족을 감사하자(인생의 최고 선물은 가족이다).
나 - 나를 감사하자(자신에 대한 최고의 예우는 감사다).
다 - 다 감사하자(모두를 감사함이 진짜 감사다).
라 - 라이프 스타일이 감사가 되게 하자(감사로 시작해서 감사로 마치는 하루가 복되다).
마 - 마음껏 감사하자(기왕이면 넘치는 감사를 하자).
바 - 바로바로 감사하자(감사를 미루면 감사도 시든다).
사 - 사건까지도 감사하자(사건조차도 감사하는 순간 기적으로 돌아온다).
아 - 아무에게나 감사하자(감사는 여권과 같다. 국경이 없다).
자 - 자동으로 감사하자(감사가 DNA가 될 때 정상을 살게 된다).
차 - 차선도 감사하자(차선이 최선, 최고로 돌아온다).

카 – 카운트하듯 감사하자(감사는 헤아리면 헤아릴수록 커진다).
타 – 타이밍 맞춰 감사하자(때에 맞는 감사가 성공 인생의 보증 수표가 된다).
파 – 파노라마처럼 감사를 펼쳐보자(감사가 내 마음의 이력서가 된다).
하 – 하루에 다섯 가지를 감사하자(다윗이 들었던 다섯 개의 물맷돌과 같이 승리를 가져온다).

※ 송전교회 성도들의 감사 이야기

김아연 청년의 감사 간증문 내용이다.

"송전교회에서 감사운동을 시작했을 때 처음에는 쉽지 않았다. 감사의 말이 잘 나오지 않았다. 불평할 일에 감사하기가 어려웠다. 그러나 시간이 흐르면서 변화가 일어났다. 주변 사람에게 감사의 말을 전하기 시작했다. 힘든 상황에서도 그래도 감사하자고 마음먹었다.
점점 긍정적인 모습으로 변해갔다. 작은 일에도 감사할 줄 알게 되었다. 사람들 사이가 좋아졌다. 가족끼리 표현을 더 많이 하게 되었다. 어려움 속에서도 다시 일어설 힘을 얻었다. 셀 식구들과 매일 카톡으로 감사한 일을 나누었다. 서로의 삶에서 감사할 부분을 알게 되었다. 이야기 나눌 거리가 많아졌다. 대화하다 보니 웃음이 늘었다. 셀 모임의 교제가 풍성해졌다. 셀 식구들이 적극적으로 참여하게 되었다.

감사가 얼마나 힘이 있는지 몸소 느꼈다. 감사함으로 지금의 내가 행복해졌다. 그렇게 쌓인 순간이 모여 행복한 인생이 되었다. 앞으로도 감사하는 습관을 잃지 않기를 기도한다. 다른 이에게 행복한 영향을 줄 수 있는 사람 되기를 기도한다."

성도를 전도지로 만들었다

성도는 전도지다.

성도는 좋은 전도지가 되어야 한다. 기쁜 표정 없는 전도는 무의미하다. 전도자는 먼저 좋은 소식이 되어야 한다. 조 알드리치는 말했다. "크리스천은 좋은 소식을 나누기 전에 자신이 좋은 소식이 되어야 한다."

성도는 유리집에 산다. 성도의 말과 표정은 비신자에게 모두 드러난다. 성도는 항상 비신자의 주목을 받는다. 비신자는 성도의 신앙 정도에 관심이 없다. 비신자는 신자의 말과 행동으로 기독교를 판단한다. 복음 전도는 말과 행동에 각별한 주의가 필요하다.

미인대칭의 힘

성도에게는 미인대칭이 필요하다. 미인대칭은 네 가지 요소로 구성된다.

첫째, 미소 짓기
둘째, 인사하기
셋째, 대화하기
넷째, 칭찬하기

미소는 얼굴을 바꾼다. 예수님을 믿으면 얼굴이 달라진다. 신자의 얼굴은 기쁨이 가득해야 한다. 기쁨은 구원받은 자의 표정이다.

도산 안창호는 청태산장 입구에 '빙그레' 간판을 걸었다. 방문객에게 미소를 선물하려 했다. 그는 웃음으로 마음을 밝히자 했다. 우리 사회는 냉랭하다. 빙그레 웃음으로 세상을 바꿔야 한다. 이것이 빙그레 운동이다. 도산은 국민에게 빙그레 정신 무장을 권했다. 빙그레 정신은 단순한 웃음이 아니다. 밝은 미소는 세상을 환히 비춘다. 사랑이 가득한 곳을 만든다.

비비안 리는 〈바람과 함께 사라지다〉의 여주인공이다. 그녀의 연기와 태도는 깊은 인상을 남겼다. 오디션 탈락 후에도 활짝 웃으며 나갔다. 영화 제작자는 2년 반 동안 여주인공을 찾았고 비비안 리가 최종 선택됐다. 그녀의 웃음이 결정적이었다.

인사는 먼저 건네야 한다. 인사는 친근함의 표현이다. 인사는 호감을 준다. 월마트 창립자 월튼은 말했다. "겸손한 먼저 인사가 성공의 열쇠다."

김윤배 지점장은 인사로 인생을 바꿨다. 그의 지점은 최하위였다. 연수 지점으로 발령받은 지점도 최하위였다. 석 달 후 전국 1위가 됐다. 아침 구호가 비결이었다.

"오잘!" (오늘도 잘해보자)
"오즐!" (오늘도 즐겁게 일하자)
"오사!" (오늘도 사랑을 전하자)

대화는 따뜻해야 한다. 대화 부재는 혼란을 부른다. 전혜성 박사는 따뜻한 대화로 자녀를 키웠다. 아늘은 예일대 법학 학장이 되었고 딸은 예일대 로스쿨 교수다. 전 박사는 훌륭한 사람 되기를 강요하지 않았다. 언제나 아침 식사는 가족이 함께했고 일정을 공유하며 서로를 축복했다. 감사를 표현했다. 이런 대화가 자녀의 성장을 이끌었다.

칭찬하기의 방법

칭찬은 두 종류다. 결과 중심 칭찬과 과정 지향 칭찬이다.

▶ 결과 중심 칭찬의 예
- "프로젝트 성공이 자랑스럽구나."
- "성적이 1등이라니 대단하네."

▶ 과정 지향 칭찬의 예
- "열심히 준비한 모습이 감동적이다."
- "꾸준한 노력이 대단하다."

결과 중심 칭찬은 단점이 있다. 칭찬할 기회가 적은 데다가 실패 시 칭찬이 불가능하다. 좌절감이 생긴다. 과정 중심 칭찬은 장점이 많다. 칭찬 요소를 쉽게 찾을 수 있고 결과 부담이 적다. 과정을 즐긴다.

감사는 미소를 만든다. 감사는 인사를 이끈다. 감사는 대화를 낳는다. 감사는 칭찬을 부른다. 감사가 시작이다. 한성일 기자(중도일보)는 말했다. "감사는 미인대칭의 원동력이다."

〈 송전교회의 감사 미션 〉

송전교회는 네 가지 미션을 제시한다.

- 감사한 마음으로 미소 짓기
- 행복을 위한 먼저 인사하기
- 가족을 위한 따뜻한 대화하기
- 이웃을 위한 칭찬하기

감사 미션은 매일 성도에게 전달된다. 성도는 이웃과 친구에게 실천한다. 가족과 동료에게도 적용한다. 이것이 좋은 전도자의 길이다.

※ 송전교회 성도들의 감사 이야기

송전교회의 교인들은 감사를 생활의 중심에 두고 산다. 세 명의 교인은 감사가 전도 활동에 유익했다고 증언했다.

김순녀 권사는 이렇게 말한다.
"감사행전 미션을 통해 게스트를 더 세심하게 섬길 수 있어 좋다. 전도 대상자와 만날 때 감사를 주제로 이야기하면 더욱 풍성해진다. 자존감이 낮은 전도 대상자에게 감사와 칭찬을 회복하라고 조언했더니, 실천 후 자신감을 얻었다고 고백했다. 이로 인해 전도 대상자와 더 가까워졌다. 감사는 전도의 훌륭한 도구다. 감사는 하나님께서 우리에게 주신 최고의 선물이다. 감사는 전도의 문을 활짝 열어준다."

박진희 집사도 감사의 효과를 증언한다.
"감사 이전 나의 모습은 복음을 전하고 섬기는 일에 즐거움이 있었다. 하지만 마음 한구석에는 늘 남편에 대한 죄의식과 죄책감이 자리 잡고 있었다. 영혼 구원의 기쁨을 알기에 전문 전도팀 전도자로 생활하였다. 그것이 더욱 남편을 구원하지 못한 죄책감이 되었다. 그러던 중 송전교회 감사행전은 나를 죄의식에서 벗어나게 했다. 하루하루를 행복하게 하였다. 감사행전이 매우 쉬웠다. 매일 다른 주제로 진행되어 감사에 나를 깨어 있게 했다.
나는 좋은 일이든 나쁜 일이든 감사했다. 문젯거리는 잠시 내려놓았다. 웃고 즐기며 옆에 있는 사람들을 기쁘게 섬길 수 있었다. 내가 즐겁게 전도할 수 있게 했다. 감사 미션을 통해 하루를 희망을 갖고 시작할 수 있게 되었다. 감사는 나를 행복한 전도자로 세웠다. 나는 남편이 구원받은 것을 믿음으로 감사하고 있다."

김지혜 집사의 간증은 감사의 힘을 강조한다.
"오랜만에 연락한 게스트와 만나며 주님의 인도를 체험했다. 이로 인해 게스트 가족이 예배에 참석하게 되었다. 하지만 게스트 자녀를 보살피는 과정에서 집사님 딸(예원)의 어려움이 생겼다. 주님께 지혜를 구하자 남편이 해결해 주었다. 결국 게스트가 셀원이 되며 비전을 나누게 되었다. 김지혜 집사는 이 과정을 통해 '감사할 때 주님이 함께하심'을 깨닫고 앞으로도 감사와 기도로 전도에 힘쓸 것을 다짐했다."

송전교회의 성도들은 감사를 통해 영혼 구원에 성공하고 있다. 그들의 간증은 한국 교회에 큰 도전을 던지고 있다.

C·H·A·P·T·E·R·3
감사로 교회 주변 지역사회가 바뀌었다

감사가
코로나19 회복을 도왔다

코로나19와 정신 건강

코로나19 이후 전 세계 불안증과 우울증 환자가 2배로 증가했다. 한국의 우울증 환자 비율은 36.8%다. 이는 OECD 국가 중 1위다. 한국인 10명 중 4명이 우울증을 겪는다.

UC Davis Health는 캘리포니아대학교 학술 건강센터다. 이들은 코로나19 백신 개발 연구를 진행했다. 코로나19 치료법 연구를 위해 많은 실험을 수행했다. 감사와 코로나19 극복의 연관성도 조사했다.

▶ 연구 주제 : 두 가지 핵심 질문을 연구했다.

- 팬데믹 기간 동안 감사가 회복 탄력성을 촉진할까?
- 코로나19 기간 중 감사가 정신 건강에 미치는 영향

▶ 연구 결과 : 평소 감사 습관이 있는 사람은 불안과 우울 증상이 덜했다. 감사하는 대학생들의 정신 건강이 더 양호했다. 일상의 감사 습관이 위기 극복의 힘이 됐다.

코로나19와 감사의 효과

로버트 에몬스 박사는 말했다. "감사는 행복의 강력한 촉매제다." "감사는 마음에 기쁨의 불을 밝힌다." 브레너 브라운은 감사의 효과를 증언했다. "감사는 팬데믹 속 희망의 빛이었다." "감사는 위기 속 희망 유지에 도움이 됐다."

〈 황성주 박사의 감사 실천법 〉

황성주 박사는 여덟 가지 감사 방식을 제안했다

1. 축제 감사 : 좋은 일에 감사
2. 확대 감사 : 작은 일에 감사
3. 초월 감사 : 짜증 나는 일에 감사
4. 선포 감사 : 절박한 상황에 감사
5. 오뚝이 감사 : 실패한 일에 감사
6. 씨앗 감사 : 미래를 위한 감사
7. 축복 감사 : 불편한 관계에 감사

8. 장미꽃 가시 감사 : 고통 속 축복에 감사

코로나19 이전부터의 감사는 정신건강 유지에 도움이 됐다. 감사 훈련 참여자들은 정신적 어려움을 잘 극복했다. 송전교회는 감사행전을 실천했다. 대면 만남은 불가능지만 매일 감사 미션으로 교제했다. 성도들은 영성 훈련을 이어가며 분노와 우울증을 극복했다. 웃음이 넘치는 신앙생활이 됐다.

※ 송전교회 성도들의 감사 이야기

다음은 코로나19 상황에서도 감사가 영적 생활에 미친 긍정적 영향에 관한 이야기다.

"차도숙 권사는 2013년에 살 소망이 없었으나, 담임목사님의 내적 치유 수양회를 통해 매일 감사 일기를 쓰기 시작했다. 감사를 실천하는 과정은 쉬웠던 적이 없었다. 심지어 모든 것을 포기하려 했던 순간에도 주님의 사랑으로 회복되었다. 이후 감사할수록 더 많은 감사의 이유를 발견하게 되었다. 영혼이 소생하며 영적 전쟁에서 승리할 수 있게 되었다.
그녀는 찬양과 성경 말씀 속에서 매일 감사하며 사역과 가정을 위해 기도했다. 이를 통해 얼굴이 밝아지는 것을 느꼈으며, 셀 모임에도 새로운 사람들이 참여하게 되었다. 셀 가족들과 신앙고백을 나누는 기회도 가졌다. 그녀는 담임목사님의 가르침대로 다른 이들에게 빛이 되고자 결심했다. 오늘도 하나님의 말씀 속에서 전도하고 기도하며 사명을 다하고자 노력하고 있다."

감사는 전염된다

전염병과 감정의 전파력

「총 균 쇠」는 재레드 다이아몬드의 저서로 인류 문명의 흥망성쇠를 다룬 책이다. 이 책에서는 잉카 문명의 몰락 원인을 전염병에서 찾는다.

잉카 문명은 16세기 초반까지 남아메리카의 강력한 문명이었다. 1932년 스페인의 정복자 프란시스코 피사로가 잉카제국을 침략했을 때 피사로의 군대는 168명에 불과했다. 그러나 그들은 잉카 문명보다 우수한 무기를 가졌다. 총과 대포를 보유했고 강철 검과 갑옷으로 무장했다. 잉카의 무기는 청동이었다. 모든 면에서 열악했다. 잉카제국의 인구는 천만 명이고 수만 명의 군대를 보유했다. 무기의 차이가 제국 몰락의 원인일 수도 있다.

하지만 핵심 원인은 천연두였다. 천연두는 잉카제국 인구의 대부분을 죽였다. 사회구조가 붕괴되고 경제와 행정이 마비됐다. 스페인은 적은 병력으로 제국을 정복했다.

재레드 다이아몬드는 스페인보다 먼저 퍼진 질병이 몰락의 원인이었다고 분석했다. 유럽의 병에 처음 노출된 잉카인은 저항력을 잃어 인구가 붕괴되고 지도력이 붕괴됐다. 전염병이 잉카제국을 무너뜨렸다.

전염병은 여러 경로로 퍼진다. 직접 접촉, 공기, 물, 음식 등으로 퍼진다. 전염병은 빠르게 확산된다. 감정도 전파된다. 이것이 감정 전염이다. 감정 전염은 타인의 감정이 전해지는 현상이다. 자주 만나는 사람의 감정이 더 잘 전해진다.

하트매스 연구소의 연구 결과에 의하면 심장은 전자기장을 방출한다. 생각이 전자기장을 만들고 감정이 전자기장을 만든다. 이 전자기장은 1m 안의 타인에게 영향을 준다. 그래서 우리는 무의식적으로 감정을 전달하게 된다.

행복의 연쇄 반응과 감사 실천

니컬러스 크리스타키스와 제임스 파울의 연구는 흥미롭다. 그들은 1971년부터 2003년까지 12,067명을 조사했다. 조사 결과, 친구가 행복하면 본인의 행복할 확률이 15% 증가한다. 친구의 친구는 10% 증가한다. 그다음은 6% 증가한다. 슬픈 사람과 있으면 슬퍼지고 기쁜 사람과 있으면 기쁨이 전해진다. 감사가 최고의 감정이다. 감사는 긍정을 늘리고 부정을 줄인다. 앨릭스 코브 박사의 연구 결과, 행복은 전파력이 있다. 행복한 친구와 함께 있으면 행복해질 확률이 25% 높아진다.

이처럼 감사의 에너지는 확산된다. 주변 사람에게 영향을 준다. 학교가, 직장이, 공동체가 감사로 가득 찬다. 감사하는 마음이 세상을 아름답게 만든다. 송전교회의 감사행전은 좋은 예시다. 지역사회를 따뜻하게 만든다.

택배기사의 과로사 소식이 있었다. 2020년 11월 기준 16개월간 택배기사 21명이 사망했다. 교회는 감사 미션을 준비했다. 택배기사에게 감사를 전했다. 현관에 감사 메시지를 붙이고 생수와 간식을 준비했다. 모든 성도가 택배기사에게 감사를 표현했다. 아파트 현관에 응원 문구를 붙여두고 생수와 음료를 두었다. 택배기사들은 기쁨과 감사함을 느꼈다. 감사는 전파되는 것이다.

※ 송전교회 성도들의 감사 이야기

청년부에 소속된 김성현 청년의 간증이다.

"군대에 있을 때의 일이다. 크리스마스였고 그날 눈이 120cm나 내렸다. 근무가 없어서 쉬려고 했는데 제설 작업을 해야 했다.

인력이 부족했기 때문이다. 그래도 나는 감사했다. 크리스마스에 내리는 눈이 참 낭만적이었기 때문이다. 생활관에 있는 것보다 동기들과 함께하는 시간이 더 좋았다. 이런 저의 감사가 동기들에게 감사하게 만들었고 그들의 감사는 후임들에게도 퍼졌다. 우리는 모두 함께 제설 작업을 했고 중간에 힘은 들었지만 눈으로 장난치고 사진도 찍으며 즐겁게 마쳤다. 이렇게 감사가 다른 이에게 전해졌다."

셀에 소속되어 왕성하게 활동하고 있는 박성언 집사의 감사이야기다.

"나는 바쁠 때마다 한숨을 쉬며 왜 나만 이리 바쁘냐고 불평했다. 이런 불평은 협업에 방해가 되었고 내 주장만 중요하게 생각하며 상대방을 배려하지 않게 되었다. 그래서 불협화음이 생겼다. 나는 작은 일에도 감사하기로 결심했고 부정적인 말보다 먼저 감사를 생각했다. 동료들의 작은 도움에도 고마움을 표현하고 전화나 이메일에서도 항상 감사한다고 말했다. 그 결과, 동료들과의 관계가 개선되었고 그들도 나에게 감사를 표하기 시작했다. 감사가 협업으로 이어졌으며 업무 속도도 빨라졌다. 감사하는 것은 쉽지 않지만 리더로서 꼭 필요한 일이다. 나는 앞으로도 감사하며 살 것이다. 삶을 감사로 채우며 가정과 직장에서 주변에 좋은 영향을 주고 싶다. 매일 감사하는 마음으로 살아간다면 행복은 자연히 따라올 것이다. 난 정말 행복한 사람이다"

감사로 서로 신뢰가 생긴다

감사를 통한 신뢰 회복

나시다 후미오는 인망에 대해 이야기했다. 인망은 다른 사람들로부터 신임과 신뢰, 존경을 받는 것이다. 그는 인망을 개인적 인망과 사회적 인망으로 구분했다.

개인적 인망은 사람들이 개인에게 가지는 좋은 평판이다.

첫째, 개인 간의 관계에서 신뢰와 존경심이 형성된다.

둘째, 가족과 친구, 동료 등 가까운 사람 사이에서 만들어진다.

셋째, 개인적 인망은 사람들 간의 긴밀한 관계와 상호 신뢰를 만든다.

동창회에 참가하면 불참자 중 자주 거론되는 이름이 있다. 그런 사람에 대해 '밝다' '즐겁다' '믿을만하다' 라는 인상을 갖는다. 이는 개인적 인망의 특징이다.

사회적 인망은 리더와 대표, 부모, 교사 등에서 나타난다. 공동체 내에서 널리 인정받는 평판이야. 공동체 구성원에게 신뢰감을 준다. 사람들과의 개인적 인망이 좋으면 신뢰를 얻는다. 사회적 인망이 좋으면 공동체 전체가 믿음의 관계를 형성한다.

이와 관련해서 나시다 후미오는 감사가 인망 형성에 큰 역할을 한다고 말한다. 감사는 신뢰를 높인다. 감사는 상대방의 가치를 인정하게 한다. 감사는 서로 돕는 마음을 북돋아 유대감을 강화한다. 감사는 신뢰하는 사회와 교회, 가족 공동체를 형성한다.

예전 탤런트 신신애 씨의 노래처럼 세상엔 가짜가 많다. 가짜 뉴스와 가짜 물건, 가짜 광고가 넘쳐난다. 가짜 관련 내용으로 사회는 혼란스러워졌다. 영국 옥스퍼드대학교 로이터 저널리즘 연구소의 디지털 뉴스 리포트 2023년 판이 있다. 한국의 뉴스 신뢰도는 28%였다. 이는 아시아, 태평양 국가 중 최하위였다.

지앤컴리서치는 전국 성인 1천 명을 대상으로 조사했다. 한국 교회를 신뢰한다는 응답은 21%였다. 신뢰하지 않는다는 응답은 74%였다. 이는 3년 전보다 10.8% 낮아진 수치다. 현재 대한민국은 사회 전반적으로 신뢰도가 떨어졌다. 뉴스와 정부, 기독교도 신뢰도가 낮아졌다.

신뢰 회복이 필요한 시점이다. 이때 필요한 것이 감사다.
감사운동이 일어나야 한다. 감사 혁명이 일어나야 한다.
특히 교회에서부터 시작되어야 한다.

감사 캠페인으로 신뢰가 회복될 것이다.

토드 카시단 박사는 조지메이슨대학에서 연구했다. 그는 감사가 불신 사회를 신뢰 사회로 변화시킬 수 있다고 발표했다. 일주일간 감사 일기를 쓴 사람이 타인을 더 신뢰하게 됐다. 한 그룹은 감사 일기를 쓰고 다른 그룹은 일반적 일기를 썼다. 이후 신뢰 게임을 진행했다. 참가자들은 파트너에게 줄 금액을 결정했다. 감사 일기 그룹이 더 높은 신뢰도를 보였다. 단순 일기 그룹은 50%만 주었지만 감사 일기 그룹은 자금의 70%를 주었다. 감사를 느끼는 사람이 더 신뢰도가 높은 이유는 긍정적 감정 때문이다. 이 연구는 감사 능력이 신뢰 관계 형성에 도움이 된다는 점을 보여준다.

로버트 에먼스는 말했다. "감사는 사람들 사이에 신뢰를 쌓는 좋은 습관이다. 감사 표현은 상대방의 신뢰를 얻게 한다. 이는 좋은 관계 유지로 이어진다. 감사운동만으로 모든 사회적 불신이 해소되지는 않는다. 그러나 이는 신뢰 회복의 첫걸음이다. 특히 신뢰도가 낮은 교회나 언론이 이 운동을 시작하면 파급효과가 클 것이다."

※ 송전교회 성도들의 감사 이야기

은서 청년은 감사가 부정적인 것을 줄이는 데 큰 힘이 되었다고 말한다. 말에는 힘이 있다. 일본에서는 이를 언령이라 부른다. 송전교회는 불평을 금지하고 감사를 강조한다. 심리학의 문제 행동 대체 원리를 적용해 교인들은 감사 일기, 감사행전, 감사 말하기를 실천한다.

매일 새로운 감사 미션이 전달되고 축적된 감사는 교회의 문화가 된다. 제자 훈련을 통해 감사가 일상에 자리 잡으며 평소 눈에 띄지 않던 것에도 감사하게 된다. 더위에는 시원한 교회에, 시끄러운 아이 목소리에도 감사할 수 있게 된다. 감사의 말은 부정적 감정을 사라지게 하고 상대방의 단점마저 사랑스럽게 보이게 한다. '그럼에도 불구하고'라는 감사는 상황과 태도를 변화시킨다.

감사가 지역사회를 행복하게 만든다

감사의 힘 : 꽃 정원의 변화

행복의 조건이 무엇일까? 돈일까? 사랑일까? 친구일까? 직장일까? 게르트 쿨하비는 행복의 조건을 말했다. 일상의 사소함에 감사하는 마음이 행복의 조건이다. 스위스 철학자 칼 힐티도 「행복론」에서 말했다. 행복의 첫 번째 조건은 감사이다. 감사가 넘치는 곳은 행복한 천국이 된다. 감사가 없는 곳은 절망적인 지옥이 된다.

우리나라에는 놀라운 변화의 사례들이 있다. 순천만 지역은 과거 갈대밭과 습지였는데 2013년 순천만 국가정원이 조성됐다. 1100여 종의 식물과 꽃이 자란다. 사람들이 찾지 않던 곳이 이제는 꽃 정원으로 변했다. 매년 500만 명이 방문한다.

국립세종수목원은 옛 폐탄광 부지였지만 현재 887종의 식물과 꽃이 자란다. 개장 1년 만에 100만 명이 방문했다. 울산 태화강 국립공원도 있다. 과거 이곳은 공장 폐수로 오염됐다. 꽃과 나무를 심어 멋진 공원이 됐다. 2021년 천만 명이 방문했다.

최악의 환경도 감사의 꽃으로 변한다. 그곳이 행복한 장소가 된다. 우리가 있는 곳을 꽃자리로 만드는 것이 중요하다.

〈 꽃자리 〉

반갑고 고맙고 기쁘다
앉은 자리가 꽃자리니라
네가 시방 가시방석처럼 여기는
너의 앉은 그 자리가
바로 꽃자리니라

앉은 자리가 꽃자리니라
앉은 자리가 꽃자리니라

네가 시방 가시방석처럼 여기는
너의 앉은 자리가
바로 꽃자리니라

나는 내가 지은 감옥 속에 갇혀 있다
너는 네가 만든 쇠사슬에 매여 있다
그는 그가 엮은 동아줄에 묶여 있다

우리는 저마다 스스로의
굴레에서 벗어났을 때
그제사 세상이 바로 보이고
삶의 보람과 기쁨도 맛본다

앉은 자리가 꽃자리니라
네가 지금 가시방석처럼 여기는
너의 앉은 그 자리가
바로 꽃자리니라
- 구상 시집 「유치찬란」(1989) 중에서

나는 구상의 시 〈꽃자리〉를 좋아한다. 이 시는 중요한 메시지를 전한다. 우리가 앉은 자리를 꽃자리로 만들면 된다. 삶의 기쁨을 경험할 수 있다. 내가 있는 곳을 행복한 장소로 만들 수 있다. 감사하는 마음이 필요하다. 내가 속한 지역사회도 행복한 곳으로 변할 수 있다.

감사 꽃동산 만들기

나는 세 가지 방법을 추천한다.
1. 하루 100번 '고맙다' 말하기
2. "감사합니다", "고맙습니다"를 외치며 기지개 켜기
3. 하루 5회 거울 보고 미소 지으며 자신에게 감사 말하기

서울대학교 행복 연구 센터의 연구 결과에 의하면 감사를 주고받는 마을이 더 행복하다. 스위스의 한 마을은 감사 편지로 행복해졌다. 미국의 한 회사는 감사 카드로 변화했다. 직원들의 만족도가 높아지고 생산성도 향상됐다. 로라 잉걸스 와일더는 말한다. "감사할 줄 아는 사람은 세상을 더 아름답게 본다."

※ 송전교회 성도들의 감사 이야기

우지연 집사의 이야기를 통해 감사가 지역사회를 섬기는 데 큰 역할을 한다는 것을 알 수 있다. 송전교회는 지역사회를 위해 힘쓰

는 교회이며, 그 섬김의 모든 행동은 감사에서 시작된다. 연두 어린이 꿈 축제로 다음세대를, 경로잔치를 통해 지역 어르신을 섬기며 그 마음은 항상 감사로 가득 차 있다.

꿈 축제와 경로잔치에 참여한 사람들은 성도들에게 매년 어떻게 이 일을 해내는지 묻는다. 성도들은 매년 찾아와주는 분들이 있어 그 자체로 감사하기에 이 일을 계속할 수 있다고 답한다. 이 감사한 마음이 즐거움을 줄 때 더욱 기쁘고 더욱 감사하다고 한다. 송전교회는 이러한 감사를 통해 지역사회에서 꼭 필요한 존재로 자리매김하고 있다.

코로나19로 인해 소통이 단절된 시기에도 지역 주민에게 사랑의 선물과 라면 상자를 전달했다. 어떤 친구는 작은 선물 하나와 따뜻한 말 한마디가 큰 위안이 되었다고 했다. 불평이 많던 친구에게 감사 일기를 선물했더니 감사의 고백을 하기 시작했다. 사랑의 표현이 감사로 이어지고 그 감사의 씨앗이 점차 퍼져나간다. 우리의 작은 섬김과 나눔을 감사로 돌려받고, 그 감사가 다른 사람의 삶에 희망이 된다. 이것이 바로 송전교회가 지역사회를 섬기는 이유다. 우리는 감사의 마음으로 사랑을 전하며 그 사랑이 세상을 밝히는 빛이 되기를 희망한다.

"감사로 제사를 드리는 자가 나를 영화롭게 하나니
그의 행위를 옳게 하는 자에게
내가 하나님의 구원을 보이리라"(시 50:23).
감사는 회복력을 키운다. 힘든 상황에서도 우리를 일으킨다.
절망 대신 희망을 주며 고난을 이기게 한다.
만족스러운 삶으로 인도한다

P·A·R·T·2

감사는
축복을 가져온다

CHAPTER 1

하나님의 선물, 감사를 만나다

감사는
하나님의 선물이다

감사의 마법 같은 효과

신데렐라 동화에는 요정 할머니가 나온다. 그녀는 신데렐라에게 마법 지팡이를 사용한다. 호박은 마차가 되고 누더기는 드레스가 되고 생쥐들은 마차를 끄는 말이 된다. 나는 감사가 마법 지팡이 같다고 생각한다. 범사에 감사하면 감사할 일이 생긴다. 나쁜 일은 좋은 일이 된다. 좋은 일은 더 좋은 일이 된다. 론다 번은 감사를 매직(마법)이라고 불렀다.

감사가 마법인 세 가지 이유는 무엇인가?

첫째, 감사는 긍정적 에너지를 만든다.

둘째, 감사는 마음을 열어 관계를 개선한다.

셋째, 감사는 삶에 더 많은 좋은 일을 가져온다.

위대한 인물들의 감사 실천

역사적 위인들도 감사를 실천했다. 간디, 마더 테레사, 마틴 루터 킹, 다빈치, 플라톤, 셰익스피어, 아인슈타인… 모두 감사를 실천했다. 감사는 그들에게 마법 같은 선물이 됐다.

아인슈타인은 과학적 발견으로 우주 이해 방식을 바꿨다. 그는 가장 뛰어난 지성인 중 하나였다. 그는 매일 100번 이상 감사를 표현했다. 그는 매일 감사를 실천했고 많은 축복을 받았다.

론다 번은 감사의 힘을 이렇게 강조했다. "감사는 매일 실천할 수 있는 가장 강력한 마법이다. 감사는 틀어진 관계의 치료책이다. 감사는 건강 문제, 돈 문제의 치료책이다. 감사는 불행의 치료책이다."

이와 같이 감사는 두려움, 걱정, 슬픔, 우울을 없앤다. 감사는 행복, 맑음, 인내, 친절, 이해, 마음의 평화를 준다. 또한 문제 해결책을 찾고 꿈을 이루는 기회를 제공한다. 감사는 마음을 여는 열쇠이다. 삶을 바꾸는 강력한 힘이며 하나님의 소중한 선물이다.

"무릇 있는 자는 받아 넉넉하게 되되 없는 자는 그 있는 것도 빼앗기리라"(마 25:29).

이처럼 감사하는 사람은 더욱 풍요로워진다. 감사 없는 사람은 가진 것도 잃게 된다.

〈 감사 실천의 다섯 가지 방법 〉
론다 번은 매달 하루를 감사의 날로 정하라고 한다.
1. 아침에 일어나자마자 감사한다.
2. 하루 종일 모든 일에 감사한다.
3. 많은 사람에게 감사 인사를 전한다.
4. 감사 일기를 쓴다.
5. 좋아하는 것을 하며 감사를 표현한다.

시간을 내어 감사하면 하나님이 마법 같은 일을 이루신다. 감사하는 마음이 있으면 더 많이 받는다. 감사하는 마음이 있으면 넉넉해진다. 디트리히 본회퍼의 말이 있다. "감사는 우리 삶을 풍부하게 만드는 선물이다."

감사는 반드시 배워야 할 기술이다

감사의 필요성과 효과

감사는 반드시 배워야 할 기술이다. 한 통계 자료의 결과는 충격적이었다. 감사할 줄 모르는 아이들의 몸집이 작았다. 학교생활 적응이 어렵고 친구 관계도 힘들었고 산만한 경향도 보였다.

2003년 〈LA 타임스〉는 특별한 실험을 보도했다. 매사추세츠 우스터시의 빈민가 아이들이 실험 대상이었다. 교사들은 학생들에게 감사를 가르쳤다. 괴롭힘과 욕설을 금지했다. 불평도 허용하지 않았다. 교사들은 감사 훈련에 많은 시간을 투자했다. 결과는 놀라웠다. 입학 당시 글을 모르던 아이들이 대학생이 되었다. 감사가 학습 능력을 크게 향상시켰다.

알렉스 코브 박사의 연구 결과는 더욱 흥미롭다. "감사 메시지를 주고받을 때 뇌가 변화하며, 현재에 집중하도록 방향이 재조정된다. 집중력이 좋아지고 기억력도 향상된다."

감사가 가져오는 변화

데보라 노빌은 「감사의 힘」에서 놀라운 사실을 밝혔다. 감사하는 사람은 낙천적이 되었다. 열정적으로 변했다. 스트레스 저항력이 높아졌다. 운동을 열심히 하게 되었다. 숙면을 취했다. 건강이 좋아졌다. 다양한 흥미가 생겼다. 열린 마음으로 세상을 보게 되었다. 유머 감각이 생겼다. 일 처리가 체계적이 되었다. 결단력도 생겼다. 주변에서 관대하다는 평가를 받았다. 친절한 사람이라는 소리를 들었다. 인생의 목표를 새롭게 세웠다. 목표를 향해 열심히 노력했다. 가족 관계도 돈독해졌다.

감사는 삶을 놀랍게 변화시키는 힘이 있다. 나이와 상관없이 반드시 배워야 한다. 실천이 필요한 삶의 기술이다. 무쇠도 갈면 바늘이 된다. 옥도 갈아야 빛이 난다. 감사도 연습이 필요하다. 꾸준한 연습은 놀라운 혜택을 준다. 미국의 행동 전문가 존 F. 디마티니의 말이 의미 있다. "감사는 배워야 할 습관이다. 연습해야 할 기술이다."

※ 송전교회 성도들의 감사 이야기

정미정 집사는 감사의 힘을 간증한다.

"매일 감사 일기를 쓰며 하루를 돌아보고, 잘한 일엔 웃음을, 아쉬움에는 반성을 한다. 셀원들과 소통하며 카톡에 답글을 남길 정도로 변화했고, 친징엄마에게 사랑한다고 표현하는 모습도 생겼다. 감사를 통해 자신을 드러내고 모든 상황에서 감사할 수 있는 법을 배웠다. 감사는 시선을 바꾸고 삶을 풍요롭게 한다, 작은 것에도 감사하는 습관이 우리를 성장시킨다고 말한다. 감사 일기는 단순한 기록이 아니라 세상을 새로운 시각으로 보는 방법이다. 오늘도 감사의 눈으로 세상을 보자고 권한다."

감사를
먼저 선택하라

선불 감사란?

감사를 먼저 선택하라. 선불의 개념은 단순하다. 비용을 먼저 지불하고 서비스는 나중에 이용한다. 커피숍의 기프트 카드가 좋은 예다. 기프트 카드로 커피와 빵을 구입한다.

감사에도 선불이 있다. 선불 감사는 미리 하는 감사다. 아직 일어나지 않은 일에 감사한다. 기도의 응답을 미리 감사한다. 셀 모임의 게스트 방문을 미리 감사한다. 학생들은 시험공부도 미리 감사한다. 선불 감사의 준비는 풍족한 응답을 받는다.

성경 속 선불 감사로는 오병이어 사건이 대표적 예시다. 5천 명이 예수님의 말씀을 들었다. 음식이 부족한 상황이었다. 예수님은 선불 감사를 드렸다. 보리떡과 물고기로 감사했다. 하나님은 응답하셨다. 모든 사람이 배불리 먹었다.

우리 교회의 선불감사

우리 교회 기도는 특별하다. 감사가 넘친다. 선불 감사 기도가 많다. 기도 인도는 감사로 가득하다. 이는 제자 훈련의 결실이다. 성도들의 순종이 빛난다. 중직자들, 집사님들의 기도에 은혜를 받는다. 장로님들의 주일예배 기도 역시 감동적이다. 감사 고백이 풍성하다. 은혜가 넘친다.

성도들은 이렇게 기도 인도를 한다.

"담임목사님에게 영적 센스를 주셔서 감사합니다. 한국교회 모델교회가 되게 하심을 감사합니다. 부흥을 주심을 감사합니다."

예전에는 주옵소서 기도가 많았다.

"빈자리를 채워주세요. 안 나오는 사람들이 나오게 해주세요."

주옵소서 기도는 예배 분위기를 냉랭하게 했다. 그런데 지금은 달라졌다. 감사기도가 중심이다. 예배 분위기가 밝아졌다. 은혜가 더욱 풍성해졌다.

찬양 중에 이런 찬양이 있다. "왜 나만 겪는 고난이냐고 불평하지 마세요. 고난의 뒤편에 있는 주님이 주실 축복 미리 보면서 감사하세요." 미리 보면서 감사, 바로 선불 감사이다.

나는 선불 감사로 하나님의 풍성한 복을 받고 있다. 부교역자 시절 첫 사례를 받았을 때, 나는 전액을 선불 감사로 드렸다. 담임목사가 된 이후 첫 사례도 모두 선불 감사로 드렸다. 이 선불 감사 헌금이 풍성한 목회의 기반이 되었다. 그 결과, 나는 지역과 한국교회를 섬기는 목회를 하게 되었고 나누는 목회를 실천하고 있다.

※ 송전교회 성도들의 감사 이야기

정송이 청년은 감사행전으로 매일 미션을 수행하며 감사한 점을 나누었다고 전했다.

"초기에는 일상에서 감사한 내용만 찾았다, 하지만, 반복될수록 미션에 더 집중했고 감사 나눔에도 적극적으로 참여했다. 셀원끼리 서로 늦지 않게 감사 나눔을 독려하고 부정적인 말을 감사로 바꾸어 격려하였다. 셀리더로서 솔선수범하여 감사의 삶을 보여주었다. 덕분에 셀원들도 활발히 활동하며 관계가 깊어졌다."

감사 습관을 들이자

습관이 만든 기적

데살로니가전서 5장 18절에는 "범사에 감사하라"는 말씀이 있다. 범사는 모든 일을 뜻한다. 감사하라는 말은 현재 능동태다. 이는 감사를 습관으로 만들라는 의미다.

임경선 작가는 말했다.

"일상의 선택이 습관이 된다.

습관이 태도가 된다. 태도가 인생이 된다."

이처럼 좋은 습관은 감사, 나쁜 습관은 학습된 무기력이다.

부정적인 환경에 노출된 군인들은 종종 인정받지 못하고 무기력함을 느낀다. 이는 '아무리 노력해도 소용없다'는 생각으로 이어져 포기하려는 경향을 낳는다. 결국 이 무기력함이 군인들의 일상에 습관으로 자리 잡게 된다.

심리학자 마틴 셀리그먼과 스티브 마이어가 수행한 실험이 있다. 그들은 개를 두 그룹으로 나누어 상자에 가두고 전기충격을 주었다. 첫 번째 그룹은 코로 버튼을 누르면 전기충격을 피할 수 있었다. 반면에 두 번째 그룹은 아무런 방법으로도 전기충격을 피할 수 없게 설정되었다.

24시간이 지난 후, 연구자들은 개들을 새로운 상자로 옮겼다. 이 상자의 중간에는 낮은 칸막이가 있었다. 첫 번째 그룹의 개들은 칸막이를 넘었으나, 두 번째 그룹의 개들은 구석에 웅크리고만 있었다. 이 현상이 바로 학습된 무기력이다.

감사의 길과 불평의 길

데릭 프린스는 말했다. "생각이 말이 된다. 말이 행동이 된다. 행동이 습관이 된다. 습관이 가치가 된다. 가치가 운명이 된다."

하나님은 우리 뇌에 시냅스를 주셨다. 시냅스는 신호 전달 세

포다. 시냅스가 강화되면 기억력이 좋아지고 외국어 습득 능력이 향상된다. 치매도 예방된다. 하지만 시냅스는 14살부터 급격히 줄어든다. 시냅스를 늘리는 방법이 있다. 바로 습관이다. 반복과 지속은 시냅스를 강화하고 강화된 시냅스는 뇌에 길을 만든다. 이것이 습관이다.

감사를 반복하면 뇌에 감사의 길이 생긴다. 이는 화나는 일이 생겨도 감사하게 만드는 것이다. 반면에 불평을 반복하면 뇌에 부정적인 회로가 형성되어 사소한 일에도 쉽게 화를 내게 된다.

두려움과 불안 같은 감정의 뇌, 신경과학적 연구에 초점을 맞춘 세계적인 신경과학자 조세프 르두(Joseph E. LeDoux)는 말했다. "뇌 속 시냅스 연결이 변하면 인격이 변하고, 운명도 변한다." 정병태 작가도 말하였다. "불평은 망하는 연습이고 감사는 성공하는 연습이다." 불평이 습관이 되면 인생은 부정적으로 변하지만 감사가 습관이 되면 인생은 아름다워질 것이다.

※ 송전교회 성도들의 감사 이야기

정현희 집사의 간증은 다음과 같다.

"포스트 코로나 이후 삶이 어려워지고 감정도 메말라간다. 감사행전을 통해 모든 상황에 감사하며 미션을 수행하다 보니 감사가 습관이 되고 내 삶에 감사가 넘치게 되었다. 교회 공동체에서도 불평이 줄고 긍정적인 믿음의 말로 서로를 축복하고 격려한다. 행정팀에서도 업무를 긍정적으로 수행하며 사역을 잘 감당한다. 이 모두가 하나님이 주신 감사의 힘이라고 생각한다. 팀원들에게 감사하고 함께 일하는 것이 큰 기쁨이다.

감사하는 마음 덕분에 스트레스도 덜 받고 면역력과 피부도 좋아졌다. 얼굴이 밝아졌다는 소리를 듣게 되었다. 감사하는 삶이 습관화되면서 사랑스럽게 보이는 것 같다. 교회 내에서 감사행전이 진행되고 있어서 결단한 것을 지속할 수 있어서 감사하다. 앞으로도 평생 감사하며 살아가길 소망한다. 나는 감사해서 행복한 사람이다."

감사 내공을 쌓자

감사의 양질 전환

엘지 트윈스 차명석 단장은 인터뷰에서 비범한 인생의 비결을 말했다. 시간의 양이 쌓인다는 것이다. 그는 헤겔의 '양질 전환 법칙'을 인용했다. "양이 쌓이면 질적으로 변화된다."

차 단장은 야구 선수들을 예로 들어서 말했다. "꾸준히 훈련량을 축적하는 선수가 결국 경지에 오른다. 하루아침에 이루어지는 성공은 없다. 매일의 성실한 훈련이 만드는 결과다."

양질 전환의 법칙은 일상에도 나타난다. 그것은 독서이다.
- 하루 30분 독서는 처음엔 변화가 없다.
- 50권, 100권이 쌓이면 변화가 시작된다.
- 세상을 보는 눈이 달라진다.
- 지식이 연결되고 큰 그림이 보인다.

양질 전환의 법칙은 영적 생활에도 나타난다.
- 매일 기도하고 성경을 읽는다.
- 처음엔 습관처럼 느껴진다.
- 쌓이면 임계점이 온다.
- 말씀이 깊이 다가오고 기도가 살아있는 대화가 된다.
- 어려운 상황에서도 평안함을 누린다.

개그맨 유재석의 성공은 양질 전환의 완벽한 예시다. 그는 처음에 심각한 카메라 공포증이 있었다. 〈연예가 중계〉에서는 말을 제대로 못 해 하차하기도 했다. 하지만 포기하지 않았다. 무명 시절 10년 동안 매일 아침 거울 앞에서 1시간씩 말하기 연습을 했다. 하루하루 보이지 않는 내공을 쌓았다. 그 누적된 노력이 어느 순간

질적 변화로 이어졌다. 긴장감은 자신감으로, 어색함은 편안함으로 바뀌었다. 유재석의 성공은 결코 우연이 아니다. 매일의 성실한 준비가 만든 필연적 결과다. 노력의 양이 쌓여 국민 MC라는 질적 변화를 이루어냈다.

감사도 정확히 같은 원리다. 감사의 양이 쌓이면 감사의 질적 변화가 일어난다. 매일 감사하는 습관은 처음에는 단순한 행동이다. 어쩌면 의무적으로 느껴질 수도 있다. 그러나 꾸준히 쌓이면 우리의 시선이 근본적으로 바뀐다. 일상 속 작은 것에서도 감사함을 발견하게 된다. 어려운 상황에서도 감사할 것을 찾아내는 마음의 근육이 생긴다.

감사내공이 쌓인다. 이 내공은 삶의 풍파 속에서도 흔들리지 않는 힘이 된다. 매일 감사의 양을 쌓는 사람은 결국 남다른 인생을 살게 된다. 비범한 감사의 사람으로 변화한다.

하나님 앞에서의 삶

성경 인물 중에서 감사 내공이 쌓인 사람이 있다. 바로 다니엘이다. 다니엘은 포로 생활 가운데서도 매일 감사의 양을 쌓았다. 그는 '전에 하던 대로' 하루 세 번 창문을 열고 감사기도를 드렸다. 이것은 갑자기 생긴 습관이 아니다. 매일 축적된 감사의 시간이 있었다.

그 감사의 축적이 결정적인 순간에 힘을 발휘했다. 사자 굴에

던져질 위기 속에서도 그의 감사는 멈추지 않았다. 매일의 작은 감사가 쌓여 생사의 고비에서도 흔들리지 않는 굳건한 믿음이 되었다. 다니엘의 삶이 남다른 인생이 되게 하였다.

감사의 양을 쌓자. 매일 일상에서 쌓자. 작은 감사로 시작해도 좋다. 중요한 것은 꾸준함이다. 헤겔의 법칙처럼 감사의 양은 반드시 질적 변화를 가져온다. 다니엘처럼, 유재석처럼 매일의 축적이 비범한 결과를 만든다. 남다른 일상이 남다른 인생을 만든다.

C·H·A·P·T·E·R·2

감사는 가정을 은혜롭게 만든다

감사는 좋은 부부 관계를 유지하게 한다

하버드대학교의 발견

워싱턴대학교 심리학자 존 가트맨은 결혼 전문가다. 그는 20년 간 많은 부부의 결혼생활을 연구했다. 연구팀은 73쌍 부부의 언어를 분석했다. 행복한 부부의 긍정적 표현 빈도는 평균 5.1인 반면 이혼한 부부의 긍정적 표현은 평균 0.9에 불과했다.

존 가트맨 박사는 감사 표현의 실천을 강조한다. 불평 한 번에 최소 다섯 번의 감사가 필요하다. 이것이 매직 비율이다. 감사는 관계의 안정성과 만족도를 높여준다. 인간의 뇌는 부정적 경험에 민감하다. 다섯 번의 감사는 한 번의 불평을 상쇄한다.

하버드대학교 대화연구소의 연구 결과가 있다. 행복한 신혼부부는 감사의 표현이 많다. 배려의 말도 자주 한다. 이해의 표현도 자주 사용한다. 그들의 관계는 안정적이다. 만족도도 높다. 불평의 말은 거의 없다. 원망의 말이나 불만의 표현도 적다. 부부는 잘못된 점을 지적하지 않는다. 서로의 친절함에 감사한다. 배우자의 친절함을 알아차리고 감사의 마음을 표현한다. 부부 사이는 더욱 끈끈해진다. 새로운 친절의 기회도 늘어난다.

감사로 피어나는 행복

월리엄 허트는 말했다. "감사는 부부의 행복을 증가시킨다. 감사하는 부부는 서로에게 만족감을 느낀다. 감사는 관계의 접착제다." 하워드 마크먼도 말했다. "감사는 갈등 해결에 도움이 된다. 감사하는 부부는 장점에 집중한다. 갈등을 긍정적으로 해결할 가능성이 높다." 메리 허스트는 말했다. "결혼생활은 정원과 같다. 잡초는 뽑아내야 한다. 아름다운 꽃은 물을 주어야 한다. 감사와 사랑의 말이 꽃이라면 불평과 비난의 말은 잡초다."

감사는 가정의 보약이다. 부부 사이의 감사는 행복을 배가한다. 사랑도 깊어진다. 상대방의 장점에 집중한다. 고마움을 표현한다. 관계는 놀랍게 변화한다.

오늘부터 배우자에게 감사하는 습관을 갖자.

"당신이 있어 감사해요."

"당신 덕분에 힘이 나요."

이 짧은 한마디로도 충분하다. 진심 어린 감사는 매일 필요하다. 사랑이 꽃필 것이다. 작은 실천은 큰 변화를 만든다. 감사는 관계의 촉매제다. 행복의 씨앗이다. 가정에 늘 봄날이 올 것이다.

※ 송전교회 성도들의 감사 이야기

감사로 행복한 가정을 이룬 부부가 있다. 이종현 집사 가정의 이야기를 들어보자.

"아침에 일어나면 가장 먼저 오늘의 감사 미션을 확인한다. 남편은 형제만 있는 가정에서 자랐고 나는 경상도 출신이다. 우리는 아들만 둘 있다. 처음에는 미션이 어색했지만 점점 자연스러워졌다. 3년이 지난 지금도 매일 아침 감사행전을 확인하며 작은 것에도 감사를 표현한다. 감사행전을 하면서 불평이 줄고 감사함이 커졌다. 남편이 퇴근하면 우리는 하루의 감사 이야기를 나누며 웃는다. 아들들에게도 사랑한다는 말과 칭찬을 자주 한다. 감사 덕분에 웃음과 면역력이 늘어났고, 매일이 즐겁고 내일이 기대된다."

양수훈, 신지혜 성도의 이야기를 들어보자.

"우리 부부는 하나님을 믿으며 만나 결혼했다. 처음에는 서로의 좋은 점들만 보였지만 시간이 지나며 맞벌이와 육아로 요구사항이 늘어갔다. 사랑은 여전했지만 관계는 점점 비즈니스처럼 변해갔다. 그러다가 교회의 감사행전에 참여하면서 서로에게 감사하는 습관을 가지게 되었다. 우리는 최소한 하루에 한 번씩 고맙다고 말하며, 이 감사가 가정에 큰 힘이 될 것임을 기대하고 있다."

감사가 자녀 교육에 유익하다

감사의 강력한 힘

초록우산 어린이재단이 중요한 보고서를 발표했다. "감사 편지 쓰기의 인성 영향"에 대한 내용이다. 2016년부터 2020년까지 감사 편지쓰기 대회가 열렸다. 15만 통 이상의 편지가 모였다. 참가 학생들의 변화를 조사했는데 연구 결과는 놀라웠다. 아이들의 감사하는 마음이 커졌다. 긍정적 생각도 늘었다. 일상의 감사할 일도 더 잘 찾았다. 행복감도 높아지고 주변 사람과의 관계도 좋아졌다.

노스이스턴대학은 흥미로운 실험을 했다. 8세에서 11세 아이들 80명을 두 그룹으로 나눴다. 한 그룹은 감사 일기를 쓰고 다른 그룹은 쓰지 않았다. 4주 후 결과가 나왔다. 감사 일기를 쓴 아이들은 달랐다. 작은 일에도 감사했다. 긍정적 감정이 늘고 부정적 감정은 줄었다. 행복감도 높았다. 스트레스도 잘 이겨냈다.

감사 일기나 감사 편지는 단순한 활동이지만 효과는 놀랍다. 연구자들은 감사를 강조한다. 감사는 아이들의 선물이다. 집과 학교의 감사 습관이 중요하다. 감사는 아이들의 삶을 바꾼다.

지니 르메어 칼라바의 말이 있다. "감사는 자부심을 만든다. 감사는 좋은 습관이 된다. 감사는 삶의 사랑을 키운다."

감사는 씨앗과 같다

유대인들의 감사 습관은 특별하다. 아침에는 '모닝 블레싱'을 한다. 하나님과 일상에 감사하는 기도다. 밤에는 '베드타임 쉐마'를 한다. 하루의 보호하심을 감사한다. 하루의 시작과 끝에 감사가 있다. 이것이 유대인의 지혜다.

러시모어산은 독립기념일의 명소다. 네 명의 대통령 얼굴이 있다. 조지 워싱턴, 에이브러햄 링컨, 토마스 제퍼슨, 시어도어 루스벨트다. 조각가 보글럼과 아들이 작업했다. 1927년에 시작해서 14년이 걸렸다. 사람들은 불평했지만 보글럼은 죽기 전 말했다. "10만 년 동안 사람들이 배울 것이다. 14년은 긴 시간이 아니다." 이는 감사와 인내의 교훈이다.

감사는 씨앗과 같다. 언젠가 열매를 맺는다. 내가 못 보면 자손이 본다. 자손이 못 보면 천국의 상급이 된다.

※ 송전교회 성도들의 감사 이야기

이정숙 집사의 감사에 대한 이야기다.

결혼 전 불평이 많았던 그녀는 아이가 태어나면서 걱정이 더 많아졌지만, 교회에서 감사 일기를 쓰기 시작하면서 큰 변화를 경험했다. 작은 일에도 감사하게 되었고 아이들을 키우는 데도 큰 도움이 되었다. 화가 나거나 걱정되는 일이 생겨도 잘 넘길 수 있었고 아이들과의 대화가 더 많아졌다. 아이들과 함께 감사 표현을 실천하면서 아이들도 감사하는 법을 배웠다. 감사는 인내심과 끈기를 길러주었고 불평도 줄었다. 이정숙 집사는 감사로 인해 행복하고 은혜로운 삶을 살겠다고 다짐하며, 감사가 부부와 아이들에게 좋은 습관이자 삶의 힘이 되는 하나님의 선물이라고 말한다.

조예린 집사도 감사의 경험을 나눈다.

그녀에게는 13세 딸 수인이와 7세 아들 수혁이가 있다. 송전교회에서 신앙생활을 시작하며 자녀들이 하나님이 주신 선물임을 깨달았다. 아이들을 잘 키워야 한다는 부담감이 있었지만 감사 일기와 감사 노트를 통해 매일 감사를 실천하면서 변화가 일어났다. 수인이를 하나님께 온전히 맡기지 못한 것을 깨닫고 걱정 대신 감사로 말을 바꾸었다. 감사의 중요성을 느끼고 건강하게 자라는 수인이를 보며 기뻐했다. 수혁이에게도 매일 감사와 축복의 말을 하며 하루를 마무리했다. 감사는 하나님이 주신 모든 것을 기쁜 마음으로 받아들이는 것이다. 그녀는 오늘도 감사기도를 드리며, 수인이와 수혁이가 하나님을 찬양하고 섬기는 삶을 살게 해주심에 감사한다고 고백한다.

가정에 감사를 예금하자

가정의 감사 예금

은행의 시작은 고대 메소포타미아 시대다. 기원전 3,000년경 신전에서 출발했다. 신전은 곡물과 귀중품을 보관하여 공동체의 경제를 안전하게 했으며 교역도 도왔다. 중세 시대는 기사단이 은행 역할을 했다. 십자군 원정 시기에는 여행자들의 돈을 보관했다. 이탈리아 르네상스 시기의 메디치 가문이 전환점이었다. 유럽 전역에 지점을 열었고 현대적 은행이 탄생했다.

가정에는 '감사'라는 예금이 있다. 감사 저축을 많이 해 놓으면 가정에 큰 도움이 된다. 가정 문제 해결에 도움이 된다. 부부 다툼에도 긍정적 감정이 관계를 보호한다. 존 가트맨 박사는 이를 긍정적 밀물 현상이라 부른다. 평소 긍정적 감정이 쌓이면 안 좋은 일도 좋게 보려는 마음이 생긴다.

노스캐롤라이나대학의 연구 결과가 있다. 윌리엄 로텐버그 박사가 100가구를 연구했다. 부모의 감사 표현과 자녀의 감사 습관을 조사했다. 감사를 잘하는 부모들은 자녀의 감사 습관 형성을 위해 노력하고 좋은 행동에 감사를 표현한다. 일부 부모는 달랐다. 자녀의 좋은 행동에 무반응이었고 감사 인사도 무시했다. 이 연구는 우리에게 중요한 점을 보여준다.

"감사는 타고나지 않는다.
부모의 의도적 노력으로 발달한다."

감사의 교육과 실천

자녀에게 감사 습관을 만들기 위해서는 부모의 역할이 중요하다. 부모는 자녀에게 감사의 중요성을 알려야 한다. 일상의 감사를 가르쳐야 한다. 감사는 매일의 연습이 필요하다. 왜냐하면 아이들은 부모를 보고 배우기 때문이다. 그러므로 부모의 감사하는 모습이 중요하다. 작은 일의 감사도 표현해야 한다. 자녀와 감사할 일을 나누면 너무 좋다.

〈 감사 실천의 방법 〉
1. 부부가 먼저 감사한다.
2. 자녀에게 감사 일기장을 준다.
3. 식사 시간에 감사한 일을 나눈다.
4. 감사 프로그램 참여를 격려한다.
5. 성인 자녀에게 부모의 존재를 알린다.

청소년 403명을 대상으로 조사한 결과, 감사하는 습관을 가진 아이들은 회복력이 뛰어나고 자신감이 높았으며 긍정적인 태도를 보였다. 왜냐하면 감사는 정서 통장을 채우기 때문이다. 긍정적 경험이 늘어나게 하고 부정적인 경험은 줄어들게 한다. 또한 어려움을 극복하게 한다.

※ 송전교회 성도들의 감사 이야기

김미경 집사의 감사 간증이다.

"감사행전을 하면서 말하기 전에 한 번 더 생각하는 습관을 가지게 되었고, 항상 주님의 은혜 안에서 말의 중요성과 살아 움직이는 말의 힘을 인식하게 되었다. 딸과 함께 믿음생활을 하고 있는데, 우리 둘은 늘 웃으며 즐겁게 시간을 보내며 행복한 사역을 하고 있다.

언제나 곁에서 보고 도와주는 내 딸에게 특별히 해준 것은 없지만, 최선을 다해 맡은 자리에서 성실하게 삶을 살아가는 모습을 보여주고 있다. 대전에서 학교에 다니는 딸이 매주 버스를 타고 와서 셀 모임에 참석하고 중고등부 교사로, 3부 찬양 팀으로 열심히 섬기는 모습이 나에게 큰 은혜가 된다. 내가 특별히 권면하지 않았음에도 자발적으로 섬기는 딸의 귀한 헌신에 감사한다."

홍선경 성도의 감사 간증이다.

"바쁜 일상에서 하루하루가 무의미하게 느껴질 때가 있다. 하지만 감사행전을 실천하면서 매일 의미 있는 일을 하게 되어 좋다. 저녁에 감사 일기를 쓸 때, 그날 있었던 감사한 일들을 떠올리며 묵상하는 시간을 가진다. 감사한 일을 가슴에 품고 잠드는 것이 좋다. 감사 저금통에 저축할 때 금액의 많고 적음을 떠나 매일 주님께 감사를 표현하는 것 자체가 큰 은혜로 다가온다.

낮에는 각자 자기 일에 바쁘지만, 저녁 식사 후에는 온 가족이 함께 감사 행동을 실천하며 감사 일기를 쓰고 하루 동안 감사했던 일을 나눈다. 이는 자녀 교육에도 많은 도움이 된다. 아이는 작은 일에도 감사할 줄 아는 아이로 자라고 있으며 감사 습관을 통해 언어 능력도 향상되었다. 감사를 나누다 보니 아이의 생각을 더 잘 알게 되고 대화도 늘어났다. 감사 저금통을 통해 감사는 말과 행동으로 표현해야 함을 자연스럽게 가르치게 되었다."

C·H·A·P·T·E·R·3
감사는 교회를 건강하게 만든다

감사는 교회 분위기를 좋게 했다

교회의 문제는 대부분 말에서 생긴다. 건강한 교회를 유지하려면 건강한 말을 써야 한다. 말은 성도 간의 소통에 큰 영향을 준다. 나쁜 말은 교회 안에 분열과 갈등을 일으킨다. 상처를 주고 분노와 불신을 만든다. 페르시아 속담에 이런 말이 있다. "총에 맞은 상처는 치료할 수 있어도 사람의 입에 맞은 상처는 결코 아물지 않을 것이다."

본회퍼는 「그리스도인의 공동생활」이라는 책을 썼다. 이 책에는 부정적인 언어(소문)가 얼마나 교회 분위기를 망치는지를 보여주는 이야기를 전하고 있다.

한 교회에서 목회자에 대한 비방의 소문이 퍼졌다. 처음에는 작은 의심으로 시작되었지만 곧 전체 공동체로 퍼졌다. 결국 그 비방으로 인해 공동체의 연합이 손상되고 말았다. 비방은 교회 내 분위기를 부정적으로 만들었다. 성도들이 서로 비난하는 것이 문화가 되었다. 교회의 긍정적 에너지가 소모되고 말았다.

그래서 본회퍼는 말한다. "소문과 불평은 공동체의 신뢰를 해친다. 하나 됨을 무너뜨린다. 이러한 행위가 교회 공동체의 영적 성장을 방해한다."

찰스 스펄전도 말한다. "성도들은 소문을 퍼뜨리거나 불평하는 것을 경계해야 한다. 이러한 행위는 교회의 영적 건강을 해친다. 성도 간의 사랑과 화해를 막는다."

이와 같이 건강한 교회를 만들기 위해서는 긍정적인 언어를 사용해야 한다. 왜냐하면 언어에 따라 교회의 분위기가 달라지기 때문이다. 송전교회 역시 언어로 인해 많은 갈등이 있었다. 부정적인 말과 험담이 많았다. 이로 인해 교회 안에 많은 문제가 생겨났다. 그래서 나는 설교를 통해 불평이 얼마나 해로운지 알렸다. 제자 훈련에도 언어 관련 책을 읽게 했다. 언어 훈련을 제자 훈련 과제물로 내어 습관이 되게 했다. 그중에서도 감사 언어는 송전교회 분위기를 만드는 데 큰 역할을 했다.

코로나 시기 감사행전을 시작할 때이다. 목사와 장로, 권사, 성도들에게 감사할 것 30가지를 써서 보내는 미션을 진행한 적이 있다. 서로를 향해 충분한 감사를 표현하였다. 교회 분위기가 훨씬 더 밝아졌다. 특히 우리 장로님들의 언어에는 감사가 가득하다. 장로님들이 기도 인도할 때도 '감사합니다' 라는 말을 많이 넣어서 기도하고 있다. 성도들도 예배 기도를 할 때 '감사합니다'를 넣어서 기도하는 문화가 생겨났다.

교회 지도자들이 먼저 긍정적인 자세로 교회 분위기를 밝고 좋게 만드는 데 앞장서고 있다. 그렇게 감사가 담긴 말이 교회 분위기를 변화시키고 있다.

※ 송전교회 성도들의 감사 이야기

청년 최민영 자매의 고백이다.

"송전교회 성도들은 감사하기 전에도 언제나 열심히 사역을 해오셨고 예배 또한 역동적으로 드렸다. 각자의 재능에 따라 교회를 꾸미고 깨끗하고 멋지게 관리하는 일에 열심이었다. 나 또한 그랬다. 그런데 열심히 사역하면서도 습관적으로 불평하고 습관적 바른말을 했던 것 같다. 내가 하는 말이 불평이고 내가 하는 말이 살리는 말이 아닌 그저 바른 말인 것을 인지하지도 못했던 것 같다. 일상적으로 이루어지던 말이라 잘못되었다는 것조차 깨닫지 못했고 죄의식조차 없었다. 하나부터 열까지 다 다른 사람이 모여서 같은 일을 하려고 하는데 순조롭게 진행되는 것이 이상하고 삐걱대는 것이 당연하고 얼굴 붉히는 일도 생길 수 있다고 생각했다.

교회에서 감사행전이 시작되고 감사행전이 어느 정도 자리를 잡으면서 송전교회의 성도들은 달라지기 시작했다. 누군가에게는 당연한 불평거리에서도 우리 교회 성도들은 그 안에 숨은 감사거리를 찾아 감사한다. 내 힘으로 해결할 수 없는 일이 생겨도 해결하실 하나님을 기대하며 감사를 말한다. 정말 아주 작고 사소한 부분까지도 감사를 말한다.

감사도 불평도 전염되는 것이 맞는 것 같다. 화가 치밀어 불평이 나오다가도 셀원들과 대화하다 보면 결국 감사거리를 찾게 되고 그 상황까지도 감사하지 못한 한심한 나를 발견하게 된다. 어느샌가 스멀스멀 교인은 물론 어린아이들도 감사를 말한다. 내가 하는 감사를 통해 셀원이 살고 교회가 산다. 내가 하는 감사가 나를 지키고 교회를 지킨다는 것을 몸소 느끼는 요즘이다. 사역은 각자의 재능에 따라 하게 되지만 감사는 재능이 필요 없이 모두가 할 수 있다. 송전교회 자체가 감사의 큰 덩어리인 것 같다"

오혜남 집사의 감사 간증이다.

"감사로 인해 송전교회는 에너지가 넘치는 역동적인 교회가 되었다. 성도들도 활기가 넘쳐 자신이 맡은 사역들을 즐겁게 감당하고 있다. 감사가 넘치는 교회가 되니 어떤 일에도 불평보다 순종을 잘하는 건강한 교회로 성장하게 되고 제자 훈련에 들어가 하나님을 더 깊이 알아가는 성도들도 늘어났다. 무엇보다도 감사로 인해 송전교회 가운데 하나님의 일하심을 느낀다. 감사하는 다음세대들이 부흥되었고 영혼 구원이 지속적으로 일어나고 있는 것은 모두 감사의 힘이다."

감사는 내적 치유를 해주었다

장 폴 사르트르는 말한다. "지옥은 타인이다." 이 문장은 사르트르의 희곡 〈닫힌 방〉에서 나온 것이다. 인간관계로 인해서 사람들이 마음의 상처를 받는다는 의미다. 상처는 주로 배신, 오해, 갈등에서 비롯된다. 특히 배신은 가까운 사람, 즉 부모, 친구, 동료들에게서 주로 받는다. 이를 배신 트라우마라고 하는데 우울증이나 불안 같은 심각한 정신 건강 문제를 일으킨다.

개그우먼 정선희는 한 방송에서 자신의 아픈 경험을 이야기하며 사람들로부터 받은 배신과 분노로 큰 상처를 입었다고 말했다. 그녀는 사람들을 피하게 되었고 대중의 관심에서도 멀어졌다. 불안과 스트레스로 힘든 시간을 보냈지만 포기하지 않고 감사 일기를 쓰기 시작했다. 매일 감사할 일을 적으면서 그녀의 삶이 변화되기 시작했다. 감사는 마음의 응어리를 풀고 상처를 치유해 주었다.

　실제로 군인을 대상으로 한 연구에서 감사가 내적 치유에 미치는 영향을 확인했다. 텍사스대학교 샌안토니오 건강 과학센터는 2023년에 군인들에게 매일 감사한 일 세 가지를 적도록 하고 서로에게 감사 메시지를 나누게 했다. 이 군인들은 외상 후 스트레스 장애를 앓고 있었는데 검사 결과 그 증상이 줄어들고 자신감이 생겼으며 마음의 평온을 유지하게 되었다. 감사 표현이 외상 후 스트레스 치료에 효과적인 도구임이 입증된 것이다.

　감사가 내적 치유에 크게 영향을 미치는 이유는 용서하는 마음을 키우기 때문이다. 송전교회의 제자 훈련 과정에는 내적 치유 수양회가 포함되어 있다. 수양회에서는 용서의 중요성을 강조한다. 용서는 단순한 감정이 아니라 하나님의 명령에 따른 결단이다.

　참가자들은 용서해야 할 사람과 상처를 기록하고, 기록지를 찢어버리며 용서를 결심한다. 하지만 용서가 쉽지만은 않다. 한 여성이 있었다. 그녀는 남편의 반복된 학대로 큰 고통을 받았고 남편을 용서할 수 없었다. 아무리 노력해도 내면의 분노는 사라지지 않았다. 결국, 그녀는 치유와 회복을 경험하지 못했다.

「감사 그 놀라운 비밀」의 저자 임효주는 전한다. "감사에는 상처를 치유하는 힘이 있다. 진정한 용서는 감사에서 시작된다." 감사가 내적 치유의 핵심 열쇠인 셈이다.

안남웅 목사는 2008년에 교회를 개척했다. 그는 성도들이 영적, 정서적으로 어려움을 겪는 것을 보면서 상처를 발견했다. 그는 100가지 감사 제목 쓰기를 통해 성도들의 시각을 바꾸고자 했다. 처음에는 낯설고 어려웠지만 점차 감사의 습관이 자리 잡히자 놀라운 변화가 일어났다. 부정적인 시각은 긍정적으로 바뀌고 사랑은 깊어지며 교회는 하나가 되었다.

안남웅 목사는 감사 훈련을 통해 교회 공동체가 변화되는 모습을 목격했다. 그는 감사의 힘을 강하게 믿게 되었다. 감사를 통해 마음의 상처가 치유되었고 교회는 더욱 견고하게 세워졌다.

베스트셀러 작가인 멜로디 비에티는 말한다.

"감사는 영혼을 치유하고 걱정을 없애주며
기억을 소중히 한다.
감사는 모든 것을 변화시키는 마법이다."

오늘도 나는 간절히 기도한다. "하나님, 한국교회가 감사로 가득 차게 하소서. 교회 안에서 상처가 치유되게 하소서. 감사의 물결이 일어나게 하소서. 한국교회가 건강해지게 하소서."

감사는 친절로 이어진다

주일 감사 미션이 가져온 변화

송전교회에는 예비 새가족 프로그램이 있다. 새가족이 등록하면 4주에 걸쳐 영상을 보여준다. 송전교회 역사, 송전교회 예배, 송전교회 셀 사역, 송전교회 다음세대 사역 등을 보여준다. 셀리더와 그 주 영상 주제를 가지고 식사하며 나눈다. 그러면서 송전교회에 대해서 친숙하게 한다.

그 후에 새가족 공부에 참여하도록 이끈다. 새 가족 프로그램은 단순한 교육 이상의 것이다. 신앙을 키우고 가족 간의 유대를 더 깅하게 만들기 위한 특별한 방법이었다.

어느 날 한 신자가 조심스럽게 말했다.

"처음에 교회 사람들이 저를 잘 맞아주지 않아서 많이 실망했어요."

이 말이 교회 공동체에 중요한 변화를 일으키는 시작점이 되었다. 주일마다 각자 사역에 바빴던 성도들이 인사를 놓친 것이 새

가족에게 큰 실망을 주었다. 이를 깨달은 교회는 즉시 조치를 취했다. 그것은 '주일 감사 미션'이었다.

〈 주일 감사 미션 〉
에너지 넘치는 하루
- 눈을 마주치면 먼저 인사하기
- 밝게 인사하기
- 활기찬 축복의 말 전하기
이 간단한 행동이 공동체를 더 밝고 따뜻하게 만들었다.

최근 연구들은 감사가 친절에 미치는 긍정적인 영향을 분명히 보여준다. 이러한 연구 결과는 송전교회의 '주일 감사 미션'이 공동체에 긍정적인 변화를 가져온 이유를 잘 설명해 준다.

2023년 긍정 심리학 저널에 발표된 연구에 따르면 2주 동안 매일 감사 일기를 작성한 사람들은 친절한 행동이 30% 증가했다. 2024년 초 미국 심리학회(APA)의 메타 분석 결과, 감사 훈련 프로그램에 참여한 사람들의 친절한 행동이 25% 증가했다. 이 효과는 6개월 후에도 지속되었다. 이것은 교회의 지속적인 '감사 미션'이 얼마나 중요한지를 보여준다.

2023년 네이처 인간 행동 저널의 연구에서는 40개국의 10만 명을 대상으로 조사했다. 그 결과, 일상적으로 감사를 표현하는 사람들이 자원봉사에 참여할 확률이 두 배 높았다. 이는 감사가 개인을 넘어 전체 공동체에 긍정적인 영향을 미친다는 것을 보여준다.

신경과학과 조직문화의 변화

2024년 3월 하버드 비즈니스 리뷰 연구에 따르면 지도자가 정기적으로 감사를 표현하는 팀에서는 동료 간 협력적이고 지지적인 행동이 45% 증가했다. 이는 교회 지도자의 역할이 얼마나 중요한지를 보여준다.

2023년 프론티어스 인 심리학 저널의 뇌 연구에 따르면, 감사할 때 활성화되는 뇌 영역이 친절을 생각할 때와 비슷하게 나온다고 한다. 이는 감사와 친절이 밀접하게 연결되어 있음을 과학적으로 보여준다.

이러한 과학적 발견은 위대한 사상가들이 오랫동안 말해온 것을 뒷받침한다.

"감사는 친절의 열쇠입니다." _ 헨리 워즈워스 롱펠로
"감사는 친절의 윤활유입니다." _ 윌리엄 셰익스피어
"감사는 친절의 향수입니다." _ 마크 트웨인
"감사는 친절의 그림입니다." _ 빈센트 반 고흐

송전교회의 '주일 감사 미션'은 겉보기에는 단순하다. 하지만

과학적 연구와 위대한 사상가들의 말처럼 이 활동은 공동체와 개인의 행복을 크게 변화시킬 수 있다. 오늘 바로 시작하자. 가족, 친구, 동료에게 감사의 말을 전하자. 낯선 이에게도 따뜻한 미소를 보내자. 이러한 작은 행동이 모여 우리 사회를 더욱 따뜻하고 행복한 곳으로 만들 수 있다.

※ 송전교회 성도들의 감사 이야기

송전교회의 '감사행전'은 많은 성도의 삶을 바꾸었다. 이는 단순한 교회 활동이 아니라, 삶을 변화시키는 강력한 도구가 되었다. 세 분의 이야기를 통해 감사가 어떤 힘을 가지는지 알아보자.

어태선 집사의 이야기다.
어태선 집사는 감사행전을 통해 큰 변화를 경험했다. 전에는 바쁠 때 짜증 내고 화내는 일이 많았다. 하지만 감사행전을 하면서 성격이 많이 바뀌었다. 매일 감사하는 습관이 생기니, 삶의 많은 것에 감사하게 되었다. 마음이 너그러워지고 다른 사람을 더 배려하게 되었다. 힘든 일이 있어도 감사하는 마음으로 잘 견딜 수 있었다. 회사에서도 직원들의 불평에 화내지 않고 이해하려 노력하니 직원들과의 관계도 좋아졌다.

김정애 권사의 감사이야기다.

김정애 권사에게 감사는 가족을 더 사랑하게 만드는 힘이 되었다. 나이 든 부모님을 병원에 모시고 다니는 일이 쉽지는 않았다. 회사를 자주 빠져야 해서 미안한 마음도 들었다. 하지만 감사행전을 하면서 회사에 보내주는 매형과 누나에게 감사하게 되었다. 부모님이 건강하신 것에도 감사했다. 이 모든 것이 감사행전을 통해 받은 은혜임을 깨달았다.

정태인 집사의 간증이다.

정태인 집사는 어려운 시기를 감사로 이겨냈다. 큰 시련이 닥쳐 힘들 때, 매일의 감사 훈련이 큰 도움이 되었다. 감사를 통해 치유와 기쁨을 경험했고 이것이 하나님의 축복임을 깨달았다. 정태인 집사는 감사행전을 성경의 '사도행전'에 비유한다. 사도행전이 예수님의 제자들이 복음을 전하는 이야기라면, 감사행전은 성도들이 감사를 전하는 이야기이다. 이는 송선교회만의 특별한 활동이다.

감사행전은 셀원들의 삶도 변화시켰다. 어려운 환경에서도 감사의 말씀을 외우며 희망을 잃지 않는 셀원, 단순히 교회만 다니던 사람이 적극적인 동역자가 된 셀원 등 많은 변화가 있었다. 정태인 집사 자신도 아내에 대한 감사한 마음이 커져 집안일을 돕게 되었고 이를 통해 부부 사이의 사랑이 깊어졌다.

감사는 영적 전쟁에서
승리하게 한다

사탄이 하늘에서 내려와 창고에 여러 가지 씨를 보관했다. 자살 충동의 씨, 두려움의 씨, 미움의 씨, 질투의 씨, 슬픔의 씨, 염려의 씨, 스트레스의 씨 등을 저장해두었다. 사탄은 이 씨를 지구 곳곳에 뿌리기 시작했다. 이 씨는 사람들의 마음에 떨어져 잘 자랐다. 그러나 어떤 마을에서는 사탄의 씨가 자라지 않았다. 아무리 씨를 뿌려도 싹이 나지 않았다. 그 마을은 감사의 마을이었다. 이 마을 사람들은 항상 감사했다. 즐거운 일에도 슬픈 일에도 감사드렸다. 그들의 마음에는 하나님의 평강이 임했다. 사탄의 씨는 싹도 틔우지 못했다.

감사는 영적 전쟁을 승리로 이끄는 강력한 무기이다. 예수님은 "도둑이 오는 것은 도둑질하고 죽이고 멸망시키려는 것뿐"(요 10:10)이라고 말씀하셨다. 이 도둑은 사탄을 의미한다. 사탄은 마음의 평안을 무너뜨리고 믿음을 흔들며 원망과 불평의 씨앗을 뿌린다. 그러나 감사는 이 모든 것을 이길 힘이 된다.

C.S. 루이스는 「스크루테이프의 편지」에서 말한다. "인간이 하나님께 감사할 때, 그는 우리(악마)에게 치명적이다." 감사는 교만을 방지하는 가장 좋은 방법이다. 감사는 마귀가 유혹하기 어려운 상태로 만든다고 그는 강조했다.

박필 목사는 「감사의 비밀」에서 감사를 모기향에 비유했다. 모기향을 피우면 모기가 힘을 잃듯이 감사는 사탄의 힘을 약화시킨다는 것이다. 감사는 인생, 가정, 사업, 그리고 믿음을 흔들리지 않게 하는 방패가 된다.

위대한 인물들도 감사의 힘을 증언했다. 헨리 워즈워스 롱펠로는 "감사는 영혼을 강화시킨다"라고 했고, 마틴 루터는 "감사는 우리의 방패"라고 말했다. 윌리엄 제임스는 "감사는 우리의 승리"라고 했다. 스피로스 J. 히아테스는 "감사는 마귀를 물리치는 확실한 방법"이라고 했다.

고구마 전도왕 김기동 목사는 항상 양복 안주머니에 감사헌금 봉투를 준비해 두었다. 어떤 상황에서도 감사의 마음을 잃지 않기 위해 준비한 것이었다. 사업에 부도가 나거나 회사에 불이 나도 감사를 표현하기 위해서였다. 그는 외쳤다. "사탄아, 나는 언제든지 감사헌금을 드릴 준비가 되어 있다. 불이 나도, 부도가 나도 나는 감사할 것이다." 마틴 루터는 "마귀에게는 감사가 없다. 감사는 하나님께 속한 것이며, 불평은 마귀에게 속한 것이다"라고 말했다. 우리는 감사의 기회가 주어질 때 즉시 감사를 표현하는 사람이 되어야 한다.

※ 송전교회 성도들의 감사 이야기

성도들의 간증은 감사가 영적 전쟁에서 얼마나 강력한 무기인지를 보여준다.

김경숙 권사의 간증이다.

"처음 감사행전을 시작할 때는 굳이 글을 써서 올려야 한다는 생각에 한 달 동안 감사행전을 하지 않았다. 그러나 셀리더 모임에서 목사님의 지적으로 마지못해 감사 미션을 시작하게 되었다. 감사행전 내용을 실천하고 셀 단톡방에 올리는 것이 부담스러웠지만 시간이 지날수록 매일의 미션에 집중하게 되었다. 게스트와 함께하는 미션을 통해 식사와 대화를 나누며 섬기는 일에서 기쁨을 발견했다.
게스트에게 해피코스를 권유할 때 마음대로 되지 않아 실망할 때도 있었지만 이제는 모든 것을 주님께 맡기고 예수님의 이름으로 섬기는 일에 집중하니 평안이 찾아왔다. 열매는 하나님께서 때가 되면 거두어 주실 것을 믿는다. 제자 훈련을 통해 배운 것을 실천하며 하나님 나라 확장을 위해 순종하는 삶을 살아감으로 하나님의 기쁨이 되기를 소망한다."

정미진 권사의 간증이다.

"성도의 삶은 매일매일 영적 전쟁의 연속이다. 하나님의 시험과 사탄의 유혹 모두가 영적 전쟁이다. 우리 영이 깨어있지 못하면 사탄의 공격에 무너지기 쉽다. 성도의 마음이 부드럽고 영이 빛날 때 하나님의 시험을 잘 통과하여 믿음이 견고해지고 화가 복이 되는 은혜를 누릴 수 있다.

이 모든 것의 핵심 열쇠는 하나님이 명령하신 '감사'이다. 감사할 수 있을 때뿐 아니라 감사할 수 없을 때도 감사할 때 기도의 문이 열리고 하나님의 궁휼을 경험하게 된다. 우리 중심에 감사가 가득할 때 하나님은 막힌 것을 뚫어주시고 닫힌 것을 열어주시며 묶인 것을 풀어주신다. 길 없는 곳에 길을 내시는 하나님을 움직이게 하는 원동력이 바로 감사이다.

성도로서 우리는 내 뜻대로 되지 않는다고 모든 것을 영적 전쟁으로 여겨서는 안 된다. 항상 하나님 앞에 자신을 내려놓고 깨어있는 영성으로 일상의 모든 순간을 감사함으로 승리할 수 있기를 소망한다."

조국현 성도의 간증이다.

"우리 부부는 매일 감사행전을 통해 감사 미션을 수행함으로써 영적 전쟁에서 늘 승리하고 있다. 감사행전을 하기 전에는 하나님께 구하지 않고 오직 자신의 힘으로 난관을 극복하려 애썼기에 쉽지 않았다. 그러나 송전교회에서 제자 훈련을 받고 매일 감사행전을 하면서 점차 마음이 변화되기 시작했다.

이제는 어려운 일이나 불화가 생겼을 때 서로의 마음을 이해하고 기도로 하나님께 지혜를 구한다. 영적 전쟁이 끝나면 하나님이 행하신 일들을 되돌아보며 그분의 도우심에 감사하게 된다.

감사행전을 하면서 좋아하게 된 성경 구절이 있다. '아무것도 염려하지 말고 다만 모든 일에 기도와 간구로 너희 구할 것을 감사함으로 하나님께 아뢰라. 그리하면 모든 지각에 뛰어난 하나님의 평강이 그리스도 예수 안에서 너희 마음과 생각을 지키시리라' (빌 4:6-7).

모든 문제를 감사하는 마음으로 하나님께 맡기면, 인내 속에서 하나님의 방법으로 풍성히 해결되는 축복을 경험할 것이다. 우리 부부는 이런 감사의 삶을 살고 있다."

감사는 영성을 높여 준다

감사 생활과 영적 성장

감사하는 사람들은 영성이 높았다. 기도와 성경 읽기, 교회 출

석을 더 자주 했다. 하나님과 더 가까운 관계를 맺었다. 더 많은 평안과 기쁨을 경험했다. 스트레스 지수가 낮고 우울증이나 불안을 겪을 가능성이 더 낮았다. 더 건강하고 수명이 길었다.

아시아 문화학술원의 연구 결과(석신영, 김이영)는 다음과 같다. 감사가 영적 성장에 도움을 주었다. 감사하는 마음을 통해 신앙이 성장했다. 기도생활이 풍성해졌고 하나님과의 관계가 더욱 깊어졌다.

헨리 B. 아이어링 목사는 감사 생활이 자신의 영적 깊이에 크게 도움이 되었다고 전했다. 그는 매일 저녁 감사 일기를 쓰고 그날의 사건을 돌아봤다. 하나님의 도우심을 찾았다. 이는 영적 훈련이 되었다. 감사가 습관이 되면서 기도생활도 깊어졌다. 매일 감사로 기도 응답을 봤고 하나님과 더 가까워졌다. 신앙 여정에 큰 도움이 되었다. 그는 말했다. "감사 일기는 단순한 일기가 아니라 하나님과의 관계를 키우는 방법이다."

한국교회의 감사운동

아홉길사랑교회는 다양한 감사운동을 전개했다. 40일 감사기도회와 감사 팔찌 캠페인을 진행했다. 긍정적인 효과를 보였다. 교회 내 감사 문화가 확산되었다. 성도 간의 관계가 더욱 돈독해졌다. 성도들의 신앙이 더욱 강화되었다.

실력은 위기 때 드러난다. 어려움을 어떻게 대처하느냐가 그 사람의 영적 실력이다. 순탄할 때 감사하기는 쉽다. 그러나 역경 속에서도 감사할 수 있는 것이 진정한 영성이다. 감사는 영적 상태를 보여주는 지표다. 좋을 때나 힘들 때나 감사하는 삶을 살아야 한다.

김병태 목사는 이렇게 말했다. "감사지수가 영적 성숙도를 가늠케 한다. 감사로 삶을 아름답게 채색하라. 하나님이 더 좋은 선물을 예비하실 것이다. 감사가 당신을 아름다운 영성으로 성장시킬 것이다."

셜리 톰프슨 루이스와 닐 피첼도 강조했다.

"감사는 신앙 성장에 필요한 영적 훈련이다."
"감사가 영적 삶을 가늠하는 척도다."

> "무릇 있는 자는 받아 넉넉하게 되되 없는 자는
> 그 있는 것도 빼앗기리라" (마 25:29).
> 일상의 선택이 습관이 된다.
> 습관이 태도가 된다. 태도가 인생이 된다.
> 감사는 타고나지 않는다.
> 부모의 의도적 노력으로 발달한다.

P·A·R·T·3

감사, 교회에 어떻게 적용할까

C·H·A·P·T·E·R·1
불평 없이 살아보기

불평 없이 살아보기의 유익

불평과 풍요로운 삶

「세계가 100명이라면」의 저자 이케다 가요코는 세계 인구를 100명으로 축소했다. 이를 통해 지구촌의 현실을 쉽게 이해하게 했다. 100명 중 60명은 아시아인이다. 14명은 아프리카인이다. 나머지 26명은 유럽, 남북아메리카, 호주인이다. 100명 중 2명만 컴퓨터를 가졌다. 20명만 깨끗한 물을 마신다. 80명은 평균 이하의 주거 환경에서 산다. 75명은 전화가 없다. 이를 보면 우리는 감사할 것이 많다. 하지만 현실은 어떤가? 감사보다는 불평을 더 많이 하고 있다.

"분을 그치고 노를 버리며 불평하지 말라. 오히려 악을 만들 뿐이라"(시 37:8).

불평(하라)은 '불태우다' 라는 뜻이다. 영어로는 'cause fire to burn'이다. 불을 통해 큰 화재가 일어나는 것을 의미한다. 불평이 불이란 뜻이다. 그것도 재앙을 만드는 불이란 의미다.

2023년 5월 강원도 강릉과 삼척에 산불이 났다. 원인은 등산객의 작은 불씨였다. 이 불로 그 지역은 대재앙을 경험했다. 불평은 재앙을 일으키는 불씨다. 불행을 일으키는 불씨다. 자신과 가족 주위를 불태워 버린다.

불평은 마음의 불쾌한 감정이다. 부정적 감정이다. 윌 보웬은 불평의 종류를 분노, 비판, 비꼼이라 했다. 분노는 불평의 한 종류다. 강한 불쾌감으로 현재의 문제를 감정적으로 강하게 표현한다.

미시간대학교 브래드 부슈만 박사는 25년간 분노를 연구했다. 그 결과 분노는 공격적 성향을 증가시킨다고 했다. 자신과 남들에게 아무 유익이 없다고 결론 내렸다. 비판은 잘못된 점을 지적하는 부정적인 말이며 주로 그 사람 뒤에서 이뤄진다. 비꼼은 마음에 상처나 고통을 주려는 말이나 행동이며 주로 그 사람 앞에서 이뤄진다.

불평은 여러 이유로 삶에 부정적인 영향을 미칠 수 있다. 불평은 인생의 만족도를 낮출 수 있으며, 이는 상황이 바람직하지 않게 됨을 의미할 수 있다. 불평을 통해 자신의 기분이 나빠질 뿐만 아니라 다른 사람들에게도 부정적인 영향을 줄 수 있다.

존 고든은 이렇게 말했다. "불평은 흔히 표현이고 말에 지나지 않는다고 생각한다. 하지만 불평에는 엄청난 힘이 있다. 불평은 긍정의 길이 보이지 않게 한다. 불평을 내뱉는 순간 사태를 올바르게 잡을 가능성은 하나씩 차단된다. 불평이 좌절된다. 그것이 분노가 된다. 결국 불행이 된다. 불평을 늘어놓는 건 점점 더 불행 쪽으로 향하는 모터에 에너지를 공급해 주는 것이 된다."

윌 보웬도 강조했다. "불평은 우리 상황을 개선시켜주는 효과가 거의 없다. 그것은 우리 귀를 오염시킨다. 우리 행복과 편안함에 피해를 입힌다."

에드윈 게인스는 부의 네 가지 법칙에서 이렇게 말했다. "대부분의 사람이 풍요로운 삶을 원한다. 하지만 깨어 있는 거의 모든 시간 동안 가진 것을 불평하며 지낸다. 이렇게 하여 그들은 부를 불러들이는 것이 아니다 부를 쫓아버린다. 불평은 원하는 것을 가져다주지 않는다. 오히려 원하지 않는 것을 머무르게 한다. 불평은 인생을 불행하게 만든다. 교회도 사람이 모이는 곳이기에 불평이 많으면 불행해진다."

불평 없이 살아보기 캠페인

송전교회에서는 불평 없이 살아보기 캠페인을 진행했다. 자세한 내용은 뒤에서 다룰 것이다. 불평 없이 살아보기가 성도들에게 많은 도움을 주었다.

그중에 정주리 청년의 이야기를 들어보자.

"담임목사님이 불평 팔찌를 소개하시면서 불평 없이 살아보기 캠페인을 하자고 하셨다. 팔찌를 차고 있다가 불평을 하면 다른 쪽 팔로 팔찌를 옮기는 게 규칙이었다. 불평 없이 살아가는 게 과연 가능할까, 저 캠페인이 얼마나 지속될 수 있겠느냐는 의문을 먼저 떠올렸지만 그래도 의욕적으로 시작하였다.

불평 없이 살아보기 캠페인을 하며 이전 나의 삶에 불평과 부정적 생각이 얼마나 많았는지 깨달았다. 하루는커녕 아침에 일어나 출근하는 길에 이미 불평이 나와 버렸다. 팔찌를 다른 쪽 팔로 옮기며 불평이 나왔다는 사실이 또 다른 불평의 씨앗이 되었다. 그렇게 팔찌가 이쪽 팔에서 저쪽 팔로 옮겨지기를 거듭하다 보니 어느 순간 팔찌를 옮기는 간격이 점점 길어지기 시작했다. 만약 혼자 했다면 수시로 팔찌를 옮기다 포기했을지도 모른다. 그런데 송전교회 전체의 캠페인으로 진행되니 교회 이곳저곳에 불평 없이 살아보기 캠페인 포스터가 붙어있었다. 카페, 식당, 심지어 화장실에까지 포스터가 붙어있어서 의지가 약해질 때는 눈에 보이는 외부의 힘을 통해 다시 붙들 수 있었.

물론 지금도 불평을 완전히 멈췄다고 말할 수는 없지만 그때 가지게 된 습관 덕분에 불평이 나오려고 할 때면 불평을 멈추기 위해 의지적으로 노력한다. 불평을 비워내고 감사로 채우는 습관을 가지게 되었다. 함께 불평 없이 살아보기를 하는 교회에서는 모두가 동역하니 불평을 없애 가는 게 차츰 자리를 잡아갔지만 교회가 아닌 곳에서는 쉽지가 않았다. 그러나 이제는 어느 곳에 있든지 그 장소가 불평을 감사로 바꾸는 자리가 되어가고 있다.

하나님께서 내게 허락하신 것들에 감사하기도 모자란 시간을 불평으로 보낸 지난 시간을 돌아보며 앞으로 내게 주신 삶을 살아가는 동안 감사로 행복하게 살아가기를 매일매일 소망한다. 평범한 나의 일상이 매일매일 새롭고 특별한 하루가 된다. 은혜가 넘치는 하루하루를 보낸다. 하나님의 은혜로 채워지는 일상을 통해 나는 행복한 사람임을 매 순간 고백한다.

믿음이 없는 친구들보다 성공하지 못한 것 같고 되는 일이 없고 피곤하고 손해 보는 것 같았던 삶이었다. 그러나 나이 하나님이 나를 이끌어주시니 그 누구보다 성공한 삶을 살게 되고 나의 삶은 형통하다. 말씀과 기도와 찬양과 훈련의 시간을 통해 힘을 주시니 부족함 없는 삶을 살고 있다.

불평 없이 살아가기로 결단한 순간부터 내 삶은 완전히 달라졌다. 하나님께서 주신 모든 것에 감사하며 살아가는 것이 얼마나 큰 행복인지 매 순간 깨닫게 된다. 불평의 사슬에서 벗어나 감사의 자유를 누리는 삶, 이것이 불평 없이 살아보기를 통해 얻은 가장 큰 유익이다."

불평 없이
살아보기 시작하다

불평의 전염성과 영향

존 고든은 불평을 바이러스에 비유했다. "불평은 눈에 보이지 않는다. 하지만 사람들 사이에 쉽게 전파된다." 그러므로 불평은 전염성이 강하다. 불평을 직접 하든, 불평을 듣든지 서로에게 부정적인 영향을 준다.

존 고든은 말했다. "불평은 부정적인 생각에 양분을 공급한다." 이민규 박사도 비슷한 의견을 냈다. "불평하면 마음에 부정적인 생각이 채워진다. 불평 후 기분이 좋아지지 않고 오히려 나빠진다."

위스콘신주립대 스티브 패튼 교수는 불평의 심리적 메커니즘을 설명했다.
1. 부정적인 생각을 자주 하면 뇌가 더 빠르게 반응한다.
2. 뇌가 이렇게 적응하면 작은 부정적인 생각도 크게 느껴진다.
3. 그 결과, 자주 불평하게 된다.

제르리 로어는 불평을 많이 하게 되면 이런 결과가 있을 것이라고 경고했다.

   1. 불평 없이 살 수 없게 된다.
   2. 습관적 불평은 건강에 나쁜 영향을 미친다.
   3. 가족에게도 나쁜 영향을 준다.

긍정적 태도의 중요성

오마에 겐이치의 자동차 회사 컨설팅 사례는 긍정적 태도의 중요성을 보여준다.

▶ 실적이 저조한 영업사원
- 팔리지 않는 이유를 잘 설명한다.
- 삶이 부정적이다.
- 부정적 측면과 결점에 민감하다.

▶ 실적이 좋은 영업사원
- 고객 불만에 적극적으로 대응한다.
  "소음이 심한가요? 함께 시승해 볼까요?"
  "쇼핑은 어디로 가세요?"
  "그렇게 시끄럽지 않죠?"
- 부정적 측면과 결점에 둔감하다.

그래서 윌 보웬은 불평 없이 살기의 이점을 제시했다.
1. 생활환경이 향상된다.
2. 건강이 좋아진다.
3. 인간관계가 만족스러워진다.
4. 직장에서 승진한다.
5. 평온하고 즐거운 마음을 갖게 된다.

이와 같이 불평은 자신을 불행하게 만들고, 가까운 사람들도 불행에 빠지게 한다.

※ 송전교회 성도들의 감사 이야기

불평 없이 살아보기가 나에게 준 유익은?

▶ 셀 : 헵시바 / 이름 : 차순화

"감사가 입버릇이 되면 감사할 일이 버릇처럼 따라온다. 감사행전을 하면서 감사 미션이 불평 제로 데이, 불평 금식 데이에는 유난스럽게 더 짜증이 나고 불평거리들이 아침부터 일어났다. 그래도 불평거리들을 감사로 전환하며 하나님께서 원하시는 범사에 감사로 일상을 살아갈 수 있어서 감사하다. 불평을 입 밖으로 표현하지 않고 불평 금식하며 주님께 기도드린다. 그럼 불평도 사라지고 사람 관계에 문제도 생기지 않으며 마음에 평안이 일어나 웃을 수 있어서 행복하다."

▶ 셀 : 두드림 / 이름 : 유영선

"불평 없이 살아보기를 실천한 지 2년이 넘어간다. 처음에는 너무 힘들었는데 노력하며 하루하루를 지내보니 내가 불평을 많이 하면서 살고 있었음을 알게 되었다. 타인을 내 잣대로 평가했고 그래서 이해하기 힘든 경우도 많았다. 아이들에게는 '왜 그래?' '왜 그러니?' 라는 말을 자주 사용하고 있었으며 남편에 대해서는 분노가 참을 수 없는 지경까지 이르러 남편이 너무 미웠다.

하지만 지금은 상대방을 이해하려고 하기보다는 배려하게 되었고 아이들에게는 '그럴 수 있어' '괜찮아' 라는 말을 자주 사용하게 되었으며 남편에게는 고맙다는 말을 자주 사용하게 되었다. 이러하다 보니 나의 삶의 질이 높아지고 힘들어하는 일이 줄었다. 마음이 편해졌음을 느낀다. 불평 없이 살아가는 삶을 아이들에게도 알려주며 즐겁게 하루하루 보내고 있다."

불평 없이
살아보기 이야기

미국 〈크리스천포스트〉에 샘 레이너 목사가 "당신의 교회가 5년 안에 소멸하는 이유"라는 칼럼을 게재했다. 샘 레이너 목사는 '처치앤서스'의 회장이며 플로리다주에 있는 웨스트 브레이든턴 침례교회의 담임목사다. 레이너가 꼽은 '죽어가는 교회의 5가지 패턴'이다.

〈 죽어가는 교회의 5가지 패턴 〉

1. 전도 포기
 - 교회는 전도 없이 지속적 성장이 불가능하다.
 - 코로나 이후 평균 예배 참석자 20명당 1명의 새신자가 필요하다.
 - 100명 규모 교회는 매년 5명의 새 신자가 필요하다.
 - 이는 현 상태 유지를 위한 최소 수준이다.

2. 사소한 것에 중점
 - 한 교회에서 중요한 사명 논의 후 "화면에 나온 찬송가를 읽어야 합니까?"라는 질문이 나왔다.
 - 이 교회는 7개월 후 문을 닫았다.

3. 팬데믹으로 인한 긴급성 무시
- 대부분의 미국 교회는 팬데믹 이전부터 쇠퇴했다.
- 코로나19로 쇠퇴가 가속화됐다.
- 많은 교회가 이 사실을 부인한다.
- 지도자들은 교회 폐쇄가 임박했음을 깨닫지 못한다.

4. 목회자를 만병통치약으로 여김
- 목회자는 교회 쇠퇴의 원인으로 비난받는다.
- 쇠퇴하는 교회에서 목회자 해고가 빈번하다.
- 교인들은 모든 문제를 해결할 '완벽한' 목사가 있다고 생각한다.

5. 험담과 갈등 심화
- 교인들은 에너지를 어디엔가 쏟는다.
- 교회가 외부 사역에 집중하지 않으면 내부 문제에 매몰된다.
- 목회자와 교인들에 대한 험담이 늘어난다.
- 사소한 문제로 어리석은 논쟁을 벌인다.

나는 이 문제에 깊이 공감한다. 이 땅의 교회뿐만 아니라 우리 교회도 험담에서 벗어나 있지 않다. 여러 목사님과 대화하다 보면 교회의 공통적인 문제는 말과 험담, 그리고 불평에서 비롯된다는 것을 느끼게 된다. 2017년에 한 책을 만났다. 윌 보웬의 「불평 없이 살아보기」다. 이 책은 내게 큰 도전이 되었다. 관련 서적을 더 찾아 읽었다. 하나님의 특별한 마음을 발견했다. '불평하지 않는 삶'이 그것이다.

이 메시지는 성도들과 나누고 싶었다. "불평 없이 살아보기 캠페인"을 기획했다. 교회 전체가 참여하는 프로그램이다. 2017년 6월 첫째 주에 시작했다. 맥추감사절까지 한 달간 진행했다. 교회 곳곳에 현수막을 걸었다. 포스터도 부착했다. 안내판도 설치했다. 교육부도 참여했다. 셀교회도 동참했다. 여름 행사는 모두 이 주제로 준비했다. "불평 없이 살아보기 캠프"를 열었다. 다음 장에서는 송전교회의 실천 방법을 소개하려 한다.

송전교회의 불평 없이 살아보기 매뉴얼

다음은 송전교회 불평 없이 살아보기 매뉴얼이다. 이 매뉴얼이 많은 교회에게 도움이 되길 소망한다.

1. 불평 없이 살아보기 캠페인

불평 없이 살아보기 캠페인 준비: 포스터, 현수막, 주보, 홈페이지, 불평제로영상 홍보

2. 불평 없이 살아보기 3주 설교

1) 6월 셋째 주. 불평은 인생을 해롭게 합니다.
2) 6월 넷째 주. 불평은 건강을 해롭게 합니다.
3) 7월 첫째 주. 감사는 불평을 제거합니다.

3. 불평 없이 살아보기 캠페인

1) 첫째 주 (6월 셋째 주)
   - 불평제로밴드 착용하기
   - 불평 대신 웃음을 선택하기
   - 불평제로 포스터 카톡 올리기

2) 둘째 주 (6월 넷째 주)
   - 불평제로밴드 사용하기
   - 불평 금지 스티커 사용하기
   - 습관적인 불평이 생겨날 때는 자신이나 다른 사람에게 단호히 'stop'이라고 말한다.

3) 셋째 주 (7월 첫째 주)
   - 감사 일기 쓰기 선포
   - 추수감사절에 자신의 감사 노트를 주님 앞에 올려드린다.
   - 감사 걷기

④ 평생감사 결단하며 살기

〈 불평 없이 살아보기 21일 기획안 〉

1. 교회 준비
- 3주 동안 불평 없이 살아보기 설교
- 포스터
- 현수막 제작
- 불평 없이 살아보기 1분 영상 동기 부여
- 교육부 지도 :「불평 없이 살아보기」책 읽게 하기
- 불평밴드 구입하기
- 불평 금지 스티커 제작
- 불평 없이 살아보기 표지판 제작

▶ 셀 준비
- 6월 셋째 주 셀 모임
- 불평밴드 배포 / 불평 스티커 배포

2. 캠페인

1) 1주. 불평밴드 사용하기

(첫 번째 설교 이후 셀리더 모임 때 불평밴드를 조사하여 사도록 한다).

① 한쪽 손목에 보라색 밴드를 찬다. 1일 차 시작이다.

② 자신이 불평하거나 누군가를 험담 또는 비난하고 있다는 것을 깨달을 때마다 밴드를 다른 쪽으로 옮겨 찬다. 그러면 다시 1일 차이다.

③ 밴드를 차고 있는 사람이 불평하고 있는 것을 보면 밴드를 다른 쪽으로 옮기라고 말해준다. 단, 밴드 경찰관이 되면 안 된다.

④ 불평 대신 하루 21번 웃는 훈련을 한다. 불평할 일이 있으면 무조건 미소와 웃음으로 바꾼다. 대암병원 이병욱 원장은 암에 대한 치료법으로 JTP를 제시했다(J-joyful, 기쁨, T-thanks, 감사, P-pray, 기도).

⑤ 밴드를 계속 착용한다. 불평 없이 21일을 보내려면 평균 4개월에서 8개월이 걸린다.

⑥ 불평 금식을 한 주간 동안 한다.

- 셀 안에서 불평할 때마다 재미있는 보상과 처벌을 정한다.
- 불평할 때마다 1,000원씩 셀 저금통을 만들어서 넣게 한다.
- 일주일 후 불평을 한 번도 하지 않은 사람에게 선물을 준다.

▶ 불평 없이 포스터를 카톡 메인으로 올린다.
- 불평 스티커를 배포한다.

- 부엌, 자동차 안, 거실, 회의실, 사람들이 모이는 곳이면 모두 붙인다.
- 셀리더에게 필요한 개수만큼 받을 수 있다.

2) 2주. 두 번째 설교하기

▶ 불평 없이 살기 기본 규칙

① 자신의 말이나 사람들의 말을 들을 때 습관적인 불평을 분별한다.

② 습관적인 불평은 근거 없는 험담, 해결책 없는 문제 제기, 넋두리, 푸념 등을 말한다.

③ 습관적인 불평이 생겨날 때는 스스로에게든 다른 사람에게든 단호히 'stop'이라고 말한다.

④ 눈에 띄는 곳곳에 불평 금지 스티커를 붙이거나 불평밴드를 착용하다.

⑤ 모든 모임과 대화에서 불평 금지 원칙을 실천하다.

⑥ 불평을 듣든 불평할 거리가 생기든 하나님의 해결하심을 기대하며 기도한다. 대암병원 이병욱 원장은 암에 대한 치료법으로 JTP를 제시했다(J-joyful, 기쁨, T-thanks, 감사, P-pray, 기도). 그중 하나가 기도다. 기도를 통해 불평을 이겨내야 한다. 기쁨과 기도를 통해 불평을 이겨내자.

3) 3주. 세 번째 설교하기

▶ 감사 일기 쓰기

① 감사거리 찾기

- 1단계 : 감사의 발견 / 이것은 내게 오늘 이런 고마운 일이 있었구나 하고 하루 중 고마웠던 일들을 생각해내는 과정이다.
- 2단계 : 고마움의 표현 / 감사를 발견하고 나서 그 고마운 일을 만들어 준 사람들에게 고마움을 표현하는 과정이다.
- 3단계 : 감사거리를 만들기 / 2단계에서 한 걸음 더 나아가 누군가에게 감사가 될 수 있도록, 누군가에게 감사거리를 만들어 주는 과정이다.

② 감사 일기 쓰기
- 작은 수첩이나 일기장을 준비한다.
- 감사 일기장은 언제나 기억하기 쉬운 침대 옆이나 책상 앞 잘 보이는 곳, 자주 사용하는 책상 서랍에 비치하는 것이 좋다.
- 매일 잠자리에 들기 전에 그날 감사 5가지를 쓴다(오늘 하루 중에 고마웠던 일, 고마웠던 사람, 내가 고마움을 베풀어준 일, 사람).
- 맥추감사절, 추수감사절에 자신의 감사 노트를 주님 앞에 올려 드린다.

▶ 감사 걷기
- 하루 10~30분씩 해본다. 가족, 친구, 직장, 세상의 모든 것 중 감사할 것을 떠올리며 걷기 연습을 한다. 감사하며 걷기는 분노를 억제하며 긍정적인 감정을 일으키는 데 도움이 된다.
- 자신이 걸을 때는 무조건 감사하며 걸어 본다.

▶ 평생 감사 결단하며 살기
- 불평이 나올 때 감사 열 번 하기.
- 아침마다 평생 감사하며 살겠다고 선포하기.

▶ 불평 없이 살아보기 캠페인 이후 프로그램
- 불평제로밴드를 계속 사용하기.
- 감사 일기를 사용한다.
- 감사 걷기를 해본다.
- 매일 감사를 50번 이상 말로 표현해 본다
  (감사의 법칙을 사용하라).

▶ 감사의 법칙
첫째, 생각과 마음으로 하기 전에 먼저 말로 하라.
둘째, 어렵고 힘든 환경에서도 감사를 말하라.
셋째, 생활 속에서 감사하라.

넷째, 사소한 것에 감사하라.

다섯째, 감사할 대상에게 감사를 잊지 말라.

여섯째, 구체적으로 감사해야 한다.

◼ 감사 일기 7가지 원칙

구 분	상 담	코 칭
원칙 1	한 줄이라도 좋으니 매일 써라	오늘은 햇살이 따뜻해서 기분이 좋았습니다. 감사합니다.
원칙 2	주변의 모든 일을 감사하라	오늘은 아내가 저녁을 준비해 주었습니다. 감사합니다.
원칙 3	무엇이 왜 감사한지를 구체적으로 작성하라	오늘은 친구가 제 생일을 축하해 주었습니다. 친구들과 함께 즐거운 시간을 보낼 수 있어서 감사합니다.
원칙 4	긍정문으로 써라	오늘은 영어 시험을 잘 봤습니다. 공부한 노력이 헛되지 않았습니다. 감사합니다.
원칙 5	'때문에'가 아니라 '덕분에'로 써라	오늘은 교통 체증이 심해서 회사에 늦었습니다. 하지만 그 덕분에 보통 듣지 못하는 오전 라디오를 들을 수 있었습니다. 감사합니다.
원칙 6	하루에 다섯 가지씩 작성하라	
원칙 7	모든 문장은 '감사합니다'로 마무리하라	오늘은 좋은 날이었습니다. 감사합니다.

추수감사절
감사 릴레이

캘리포니아대학의 연구들이 감사의 효능을 입증했다. 로버트 에먼스 박사와 마이클 맥클리 박사가 공동으로 연구를 진행했는데, 감사하는 태도를 가진 그룹과 불평하는 그룹을 10주간 관찰한 결과, 감사 그룹은 긍정적 감정이 증가했으며 낙천적 성격도 향상되었다. 또한 유머 감각과 자신감이 증대되었고 스트레스를 극복하는 힘도 높아졌다. 반면 시기심과 원망은 감소했으며 더욱 활력 넘치는 삶을 살게 되었다. 이 연구는 감사하는 태도가 불평을 해소하고 전반적인 삶의 행복도를 높일 수 있음을 시사한다.

> "그리스도의 평강이 너희 마음을 주장하게 하라. 너희는 평강을 위하여 한 몸으로 부르심을 받았나니 너희는 또한 감사하는 자가 되라"(골 3:15).

감사하는 자가 되면 그리스도의 평강이 마음을 주장하게 된다. 하나님은 감사를 통해 불안을 제거하시고 마음에 하나님의 평강을 부어주신다.

심리학에는 '상호 배타적 감정 원칙'이라는 것이 있다. 이는 한 감정과 그에 반대되는 감정을 동시에 경험하는 것이 어렵다는 의

미이다. 따라서 감사와 부정적 감정은 함께 존재할 수 없으며 감사하는 마음이 생기면 불평은 자연스레 사라질 수밖에 없다.

심리학자 이민규 교수는 이렇게 말한다. "감사는 스트레스를 줄여주고 부정적인 감정도 없애준다. 분노와 같은 부정적인 감정에 대한 방어 수단 중 감사만큼 효과적인 것이 없다."

감사 관련 책을 읽으며 감사의 중요성을 깨닫게 되었다. 특히 추수감사절은 일 년 동안의 감사가 절정에 이르는 시기였다. 나는 추수감사절에 감사의 마음을 나누는 축제를 열기로 결정했다. 각각의 프로그램은 성도들이 쉽게 참여하고 감사를 나눌 수 있게 만들었다. 셀별 데코 축제, 감사 커피 릴레이, 평생 감사 노트 봉헌, 뮤직비디오 페스티벌 등으로 감사의 기쁨을 나누었다.

이런 경험으로 추수감사 매뉴얼을 만들었다. 각 교회 상황에 맞게 바꿔 쓰면 좋다. 이 행사는 단순한 모임이 아니라 교회가 함께 감사의 뜻을 새기는 영적 여정이다. 특히 셀교회들의 적극적인 참여는 소그룹의 정을 더 깊게 하였다. 릴레이식 프로그램은 감사가 퍼지는 좋은 현상을 만든다.

이 매뉴얼이 각 교회에 맞게 쓰여서 더 많은 교회가 감사의 기쁨을 누리고 성도들이 서로를 축복하길 소망한다. 감사는 해야 하는 일이 아닌 기쁨이 되는 문화를 만든다. 이로써 교회 분위기가 밝아지고 성도들 사이 정이 깊어질 것이다.

〈 송전교회 추수감사축제 매뉴얼 〉

▶ 기간 : 10월 말부터 11월 셋째 주까지

▶ 진행 프로그램

1. 셀별, 교회학교 교회 데코 축제
- 교회 전체에 한 해에 대한 감사를 데코로 꾸민다.
- 모든 과일은 이웃 섬김을 위해 나눈다.
2. 실버셀 추수감사 떡 봉사
- 모든 성도를 위한 추수감사 떡으로 섬긴다.
3. 감사 커피 릴레이 축제
- 감사할 분에게 감사 커피(케이크, 샌드위치, 호빵)와 감사 메모 5개를 써서 전달한다.
- 감사 커피를 받은 사람은 또 다른 사람에게 전달하여 감사 커피가 끊어지지 않게 한다.
- 개인이 5명에게 감사 커피를 전하도록 한다.
4. 평생 감사 노트 강단 꾸미기
- 평생 감사 노트를 강단에 올려 봉헌한다.
- 자신의 감사를 하나님 앞에 드린다.
5. 추수감사 뮤직비디오 페스티벌

▶ 진행 방법

1. 홍보 및 안내
- 포스터, 현수막, 홈페이지, 주보 등을 통해 평생 감사 노트 프로젝트 홍보
- 사각형 현수막을 본당 오른쪽에 게시
- 층마다 포스터 부착
- 홈페이지와 주보에 프로젝트 소개와 감사 일기 작성법 안내
- 10월 첫 주 제작, 둘째 주부터 게시

2. 감사 우편함 설치
- 감사 편지를 넣을 수 있는 우편함을 본당 앞에 배치
- 10월 첫 주 행정팀 제작, 둘째 주부터 사용

3. 감사 편지 샘플 비치
- 우편함 옆에 감사 편지 샘플 비치
- 교회 홈페이지와 주보에도 게재
- 10월 둘째 주까지 준비, 셋째 주부터 배포

4. 데코 장소 지정 및 꾸미기
- 셀과 교회학교 반별로 감사 일기 게시 공간 지정
- 본당이나 교육관의 벽, 게시판 활용
- 10월 셋째 주까지 장소 선정, 넷째 주부터 장식

5. 추수감사 뮤직비디오 페스티벌

- 감사 찬양을 선정하여 뮤직비디오 제작
- 셀, 교육부, 가족 단위 참여 가능
- 추수감사주일 오후 상영
- 운영비로 시상

CHAPTER 2
감사 일기로 일상에서 감사하기

감사 일기의 유익

불편함은 성장의 신호다.

감사 일기는 일상의 감사한 순간들을 기록하는 활동이다. 작은 것부터 큰 것까지 다양한 감사를 포함한다.

캘리포니아 주립대학교 심리학과 로버트 에몬스 교수는 감사 일기가 정신건강과 신체 건강을 증진시킨다는 사실을 실험으로 증명했다. 그는 사람들에게 매일 고마운 일 다섯 가지를 쓰게 했다. 반면 다른 그룹은 감사 일기를 쓰지 않게 했다. 그 결과 예상대로 감사 일기를 쓴 사람들이 그렇지 않은 사람들에 비해 건강 상태가 현저히 좋아졌다. 스트레스는 적게 받고 행복감을 더 많이 느꼈다.

심리학자들에 따르면 감사는 좌측 전두엽 피질을 활성화한다. 스트레스를 해소시키며 마음의 안정과 의사결정 능력을 향상시킨다. 이는 스트레스를 받는 상황에서 마음을 새롭게 하는 것과 같은 효과다.

"아무것도 염려하지 말고 기도와 간구로 너희 구할 것을 감사함으로 하나님께 아뢰라. 그리하면 하나님의 평강이 너희 마음과 생각을 지키시리라"(빌 4:6-7).

따라서 감사 일기를 쓰는 것은 단순한 기록을 넘어 우리의 정신적, 신체적 건강을 증진하는 중요한 습관으로 자리 잡아야 한다.

기억해야 할 것이 있다. 감사 일기가 일상에서 습관이 되려면 훈련이 필요하다. 우리는 매우 편리한 시대에 살고 있다. 리모컨 하나로 에어컨, 텔레비전, 자동차까지 조작할 수 있다. 이 편리함은 우리 영성에 걸림돌이 될 수 있다. 바른 영성을 키우기 위해서는 몸의 불편함을 감수해야 한다. 마이클 존 보박은 "불편함은 성장의 신호"라고 말했다. 새벽에 일어나 성전으로 가고, 힘들어도 산길을 오르는 과정에서 영성이 다져진다. 마찬가지로 감사의 영성도 반복을 통해 쌓인다.

1만 시간의 법칙

프로 골퍼들은 하루에 약 600번 이상 스윙 연습을 한다. 이는 몸이 정확한 자세를 기억하도록 돕기 위함이다. 감사도 훈련이 필요하다. 매 순간, 끊임없이 감사의 표현을 반복해야 한다. 21번 반복하면 습관이 된다. 이는 본능적으로 행동할 수 있는 수준까지 발전시킨다.

감사도 마찬가지다. 21번의 감사 고백을 21일 동안 반복해 보라. 이때는 절대 불평을 입 밖으로 내지 말아야 한다. 그러다 보면 감사를 100번 이상 하게 될 것이다. 그러면 감사가 습관이 된다.

100번의 법칙이 적용되는 사례도 있다. 몸에 달라붙는 거머리에 대한 실험이다. 거머리가 피부에 달라붙으면 전류를 흘려보내 감전시키는 실험을 했다. 기억력이 없는 거머리는 떼어내면 붙고 또 떼어내면 또 붙기를 반복하였다. 그런데 100번을 떼어내자 더는 달라붙지 않았다. 유전자의 변화가 생겼다. 거머리의 경우 100번 반복이 일어나자 유전자가 변화되었다.

또 다른 반복의 원리가 있다. 스웨덴의 안데르스 에릭슨은 인간의 습관과 관련히여 10년의 법칙이라는 이론을 제시했다. 어떤 분야에서도 최고의 전문가가 되려면 10년간 집중적으로 준비해야 한다는 내용이다.

말콤 글래드웰은 1만 시간 법칙을 소개한다. 1만 시간을 훈련해야 전문가가 될 수 있다는 것이다. 하루에 5시간씩 훈련하면 10년이면 1만 시간이 된다. 기간이 10년이든, 8년이든 관계없이 감사 고백 1만 시간을 채우기 위해서는 매시간 감사하고 매일 감사를 실천해야 한다.

국민대학교 이의용 교수님에 따르면 감사 일기를 쓰면 다음과 같은 변화가 있다고 전한다.

1. 사람을 대하는 시각이 달라진다.
2. 삶을 대하는 태도가 변한다.
3. 부부싸움이 줄고 아내가 더 아름다워 보인다.
4. 계절의 변화를 느낀다.
5. 일상 속 작은 행복을 발견한다.
6. 감사를 표하는 횟수가 늘어난다.
7. 부모님의 은혜를 새삼 깨닫는다.
8. 과거의 상처가 덜 아프게 된다.
9. 삶이 더 행복하게 느껴진다.
10. 삶의 에너지가 증가한다.
11. 화를 덜 낸다.
12. 자신을 멋지다고 생각한다.
13. 현재에 만족한다.
14. 다른 사람의 소중함을 깨닫는다.
15. 나쁜 상황에서도 긍정적으로 생각한다.
16. 주변 사람에게 밝아졌다는 말을 자주 듣는다.

감사 일기를 꾸준히 쓰는 것은 중요하다. 편리함은 영성 개발에 방해가 될 수 있다. 그러므로 불편함을 감수해야 바른 영성을 키울 수 있다.

감사 일기 시작하다

감사 일기는 미래를 변화시킨다.

에먼스 박사는 감사 일기의 효과를 실험했다. 사람들은 감사 일기를 쓰면서 행복해지고 미래에 대한 희망이 생겼다. 건강이 좋아지고, 관계가 개선되었다.

미국 보스턴에 거주하는 한 한국인 가정이 있었다. 그 가정은 미아남(미국 아모스 남성용품) 제품을 유통하는 총판을 맡고 있었다. 그런데, 그 집이 딸이 전미 고등학교 토론대회에서 챔피언이 되는 큰 성과를 이루었다. 이 대회는 미국 전역의 우수한 학생들이 참가하는 최고 수준의 대회였다. 우승자에게는 하버드, 예일 같은 명문대학들이 전액 장학금과 입학 혜택을 제공할 만큼 주목받는 자리였다.

많은 사람이 부모에게 물었다. "아이에게 공부를 어떻게 시켰기에 그런 성과를 낼 수 있었나요?" 그 부모님의 대답은 의외였다. "우리는 아이에게 '공부 열심히 해라'는 말보다, 감사하는 훈련을 시켰습니다."

특히 어릴 때부터 잠자리에 들기 전, 하루에 감사한 일 다섯 가지를 말하게 했다. 다섯 가지를 채우지 못하면 잠을 재우지 않을 정도로 엄하게 가르쳤다. 처음에는 억지로 하던 아이가, 나중에는 스스로 삶의 소소한 것들에 감사하는 눈을 가지게 되었다. 그것이 긍정적 사고, 집중력, 자신감으로 이어졌다는 것이다.

슈바이쳐 박사 역시 어린 시절 아버지로부터 감사하는 습관을 배웠다. 그는 크리스마스 선물을 받으면 "감사합니다"라는 답장을 꼭 써야 했다. 또한 감사를 쓰지 않고는 하루를 보낼 수 없었다고 한다.

이와 같이 감사 일기는 미래를 변화시킨다. 서울 신일교회 이권희 목사는 부임 초기 교회 내 갈등과 분열을 마주했다. 성도들은 서로를 향해 불만을 품고 목회자에게도 비난이 잦았다. 인간적으로 목회를 이어가기 어려운 상황이었다. 이 목사는 '감사 캠페인'이라는 영적 전략으로 교회 분위기를 바꾸기 시작했다. 성도들에게 감사 일기 쓰기를 권면했다. 매년 추수감사절에는 하나님께 감사 제목을 일기 형식으로 헌물하게 했다. 처음에는 어색해하던 성도들이 점차 일상에서 감사를 발견하기 시작했다. 교회 분위기가 변화되었다. 불평은 줄고 감사의 고백이 넘쳐났다. 갈등은 사라지고 성도들 사이에 하나님의 평안이 자리 잡았다. 결국 교회를 위해 평안을 구하는 자들에게 하나님께서 형통의 복을 더해주셨다. 감사를 통해 공동체 전체가 살아난 것이다.

송전교회의 감사 일기 시작

이 이야기에 감동받아 우리 교회에 감사 일기를 도입했다. 교육부와 장년부가 적극 참여하도록 동기부여 설교를 전했다. 주보 목회서신을 통해 성도들에게 감사 일기의 영적 필요성을 알렸다.

〈 목회 서신 〉 (2015년 9월 주일 주보)

행복은 감사로부터 시작됩니다. 백승우 작가는 말합니다. "행복은 멀리 있는 것이 아니라 바로 내 발밑에 있습니다." 행복은 멀리 있지 않습니다. 행복은 가까이에 있습니다. 이 행복을 만드는 것이 바로 감사입니다.

칼 힐티는 이런 말을 합니다. "행복의 첫 번째 조건은 감사이다." 멀미가 오면 멀미약을 귀밑에 붙이듯이 불행이 찾아오면 감사라는 명약을 귀밑에 붙여 보세요. 그러면 하나님은 감사를 통해 행복한 삶이 되게 하실 것입니다.

여러분, 지금까지 우리는 감사 생활을 해왔습니다. 다시 한번 감사 방법을 소개합니다.

감사 암송하기	1일 감사 암송하기	작고, 사소한 모든 일에 '감사합니다' 말하기
감사 일기	1일 5감	하루 5가지 이상 감사할 내용을 일기로 기록하기
감사 편지	1월 1감	한 달에 한 번 감사한 사람에게 편지하기
감사 표현	즉각 감사 표현	감사한 일이 있으면 하루를 넘기지 말고 문자나 전화, 선물로 감사 표현하기

감사하면 할수록 감사할 일이 더 많이 생길 것입니다. 행복은 감사로부터 시작됩니다. 감사의 축복을 누려 보세요.

※ 이 목회서신 이후 나는 셀별로 감사 일기를 쓰도록 권면했다. 제자 훈련 과제물로 감사 일기를 작성하게 했고, 일 년 동안 쓴 후 추수감사절에 하나님께 드리게 했다. 강단 앞에 감사 일기장을 모아서 드렸다.

감사 일기 진행하다

인생에서 불평을 없애라.

콜라병을 거칠게 흔들면 검은 거품이 터져 올라온다. 콜라 거품이 주변 사람의 옷을 망친다. 우리 마음속 불평 또한 그렇게 흘러나온다. 입술을 통해 흘러나온 불평의 말은 주변을 어둠으로 물들인다. 우리 마음을 무겁게 한다. 참된 기쁨을 가로막아 영혼을 병들게 한다.

불평은 쓰레기와 같다. 그래서 불평을 듣는 사람이나 말하는 사람 주변을 쓰레기장이 되게 한다. 하지만 감사는 꽃씨와 같다. 그래서 주변을 꽃동산이 되게 한다. 그래서 박필 목사는 말한다. "불평은 쓰레기처럼 파리 떼를 부르고, 감사는 꽃처럼 나비와 사람을 부른다."

이와 같이 인생에서 불평은 없애야 한다. 그래야만 인생은 꽃동산이 된다. 불평을 없애는 길은 감사와 감사 일기 습관이다. 또한 감사와 감사 일기를 습관으로 만드는 길은 반복이다.

기억 전문가인 헤르만 에빙하우스는 인간의 뇌가 같은 내용을 여러 번 반복할 때 더 잘 기억한다는 것을 알아냈다. 마치 찬송가를 여러 번 부르면 자연스럽게 외워지는 것처럼 반복해서 배우면 우리 마음속에 오래도록 남게 된다는 것이다. 에빙하우스의 연구에 따르면 반복 학습은 기억을 강화하고 유지하는 데 도움을 준다는 것을 알 수 있다.

감사에도 훈련이 필요하다.

안데르스 에릭슨의 '10년의 법칙'과 말콤 글래드웰의 '1만 시간 법칙'이라는 것이 있다. 이들은 공통적으로 강조한다. 전문가가 되려면 10년간 1만 시간의 훈련이 필요하다. 감사도 매일 매시간 1만 시간의 훈련이 필요하다. 나는 이들의 의견에 전적으로 공감한다. 그래서 제자 훈련을 통해 감사 일기를 훈련시키고 있다. 최근에는 성도용과 다음세대용 감사 일기장을 만들어 교육부서와 함께 감사의 중요성을 가르치고 있다.

에몬스 박사의 실험은 감사 일기의 효과를 입증했다. 감사 일기를 쓴 사람들은 더 행복해지고 희망이 생기며 건강해지고 관계가 좋아졌다. 어릴 때부터 감사 훈련을 받은 아이들은 성장해서 큰 성취를 이뤘다. 성공적인 인생을 살았다.

한 연구는 22세 때 감사 표현이 많은 사람이 60년 후 더 오래 산다고 밝혔다. 감사 언어를 가장 많이 쓴 사람은 가장 적게 쓴 사람보다 7년을 더 살았다. 감사가 마음과 몸을 건강하게 해 행복한 삶을 만드는 것이다. 물론 지금 당장 감사한다고 환경이 곧 바뀌진 않는다. 하지만 감사할 때 하나님은 먼저 우리 마음을 행복하게 하시고 그 후에 환경도 바꾸신다. 감사는 마음과 인생을 행복하게 하는 열쇠다.

오프라 윈프리는 감사 일기로 인생을 바꿨다. 그녀의 말이다. "삶을 바꾸는 한 가지는 가진 것에 감사하는 것이다. 더 많이 감사할수록 더 많이 얻는다."

※ 송전교회 성도들의 감사 일기

이은숙 권사의 이야기다.

"처음엔 불평도 있었지만 이제는 모든 일을 긍정적으로 보며 감사한다. 성도들과도 불평 대신 칭찬을 더 많이 한다. 일기로 하루를 돌아보며 반성한다. 이제는 작은 일에도 감사하고, 만나는 사람마다 먼저 '감사합니다'라고 말한다. 부족함을 불평하기보다 감사하는 것이 진정한 행복임을 깨달았다. 감사의 눈으로 보니 모든 것이 소중하고 기쁨과 은혜가 넘친다. 이 모든 것이 주님의 은혜다. 감사하다!"

배경애 권사의 간증이다.

"매일 감사 미션과 일기 쓰기가 쉽지는 않았다. 지친 날도 많았지만 감사의 자리로 돌아왔다. 그때마다 하나님이 주신 감사할 일을 발견했다. 이제는 아침에 눈 뜨자마자 기도하고 감사 미션을 확인하는 게 일상이 됐다. 직장에서도 미션이 자연스러워졌다. 감사 일기로 하나님의 동행을 느끼며 그 필요성을 깨닫는다. 처음엔 의무감에 포기하고 싶었지만, 이제는 하나님을 생각하고 감사할 일을 찾는 거룩한 의무가 됐다. 감사 일기를 가르쳐 주신 권준호 담임목사님께 감사드리며 이런 목사님을 보내주신 주님께 무한히 감사드린다!"

감사 저금통, 추수감사절에 봉헌하다

헨리 나우웬은 말한다. "감사는 과거를 기억할 만한 것으로 만든다. 현재를 평화롭게 한다. 미래를 희망차게 만든다."

마치 저금통에 동전을 넣듯이 우리 일상에서 감사를 쌓아가는 것은 영적 부요함을 만들어간다. 매일 떨어지는 물방울이 단단한 바위도 뚫을 수 있듯이, 매일의 작은 감사도 우리의 딱딱한 마음을 부드럽게 만든다. 하루 천 원의 감사가 쌓이면 우리의 영혼에 감사의 구멍이 생기고 그곳으로 하나님의 은혜가 스며든다.

농부가 매일 물을 대고 잡초를 뽑아야 풍성한 수확을 얻듯이 우리도 매일 감사를 심고 가꾸어야 한다. 감사 저금통은 우리가 매일 감사의 씨앗을 심는 논밭과 같다. 추수감사절은 그 감사의 열매를 거두는 수확의 절기가 된다.

김종원 목사(포곡제일교회)는 총신대학교 강의 중 한 학생의 감동적인 이야기를 들었다. 그 학생은 추수감사절을 위해 매일 천 원씩 모아 일 년 동안 365,000원을 준비한다고 했다. 경제적으로 어려운 신학생의 이야기에 감동받은 목사는 자신의 교회에서도 이 운동을 시작했다. 포곡제일교회는 목회자 가족 모두가 매일 1,000원씩 저금해 추수감사절에 드린다. 대부분의 성도가 참여하며 그 결과, 교회에 감사가 넘치고 성도들의 삶에도 풍성한 열매를 맺고 있다.

하나님께서 우리에게 매일 주시는 선물들을 생각해 보자. 그중 하나가 바로 공기이다. 인공호흡기 비용을 보면 공기의 가치를 실감할 수 있다. 가정용 인공호흡기는 중환자용이 월 535,000원, 일반용이 월 356,000원이다. 건강보험을 적용하면 각각 64,400원과 46,500원이다. 10년 사용 시 혼합형은 약 64,200,000원, 압력형은 약 42,720,000원 비용이 사용된다. 병원 중환자실의 인공호흡기 비용은 더 크다. 하루 30만 원, 월 930만 원, 연 1억 1,160만 원이다. 10년 11억 1,600만 원, 20년 22억 원이다. 40년 46억 원, 50년이면 65억 원에 달한다.

벤저민 프랭클린은 말한다. "물고기를 잡았을 때만 물의 가치를 알게 되고 우물이 마르고 나서야 물의 가치를 알게 된다." 우리도 인공호흡기가 필요한 상황이 되어서야 숨 쉬는 것의 소중함을 깨닫게 된다.

이 값비싼 공기를 하나님께 무상으로 받고 있다. 공기뿐 아니라 물, 시간, 생명 모두가 하나님의 선물이다. 강력한 중국 진시황제도 하루의 생명을 더하지 못했지만 우리는 매일 살아갈 수 있음에 감사해야 한다.

이호 교수(법의학자)가 말했듯 죽음은 예고 없이 온다. 수많은 위험 속 생존 자체가 기적임을 알아야 한다. 모든 것을 당연히 여기지 말고 감사함으로 받아들여야 한다.

그래서 나는 감사 저금통을 송구영신예배 때 성도들에게 나눠 줬다. 매일 1,000원씩 감사의 제물을 드리도록 했다. 공기, 물, 시간, 생명에 대해 각자 감사를 표현하게 하였다. 4인 가족은 1년에 1,460,000원을 주님께 드리도록 하였다. 이것은 단순한 숫자가 아니라 365일 동안 쌓아온 감사의 증거이다.

바다는 작은 물방울들이 모여서 이루어진다. 우리의 작은 감사도 모이고 모여 큰 은혜의 바다를 이룬다. 나는 추수감사절을 일 년 동안 하나님께 심은 감사를 드리는 절기로 만들었다. 이것이 감사 저금통의 시작이다. 그리고 제자 훈련을 통해서도 진행하고 있다.

C·H·A·P·T·E·R·3

감사행전으로 은혜 나누기

감사의 말을 시작하다

감사는 환경을 바꾼다.

가을이면 단풍이 든다. 은행나무는 노란 단풍의 주인공이다. 은행나무의 노란빛은 카로티노이드 색소 때문이다. 이 색소는 가을에 새로 생긴 것이 아니다. 봄과 여름에도 잎 속에 있었다. 가을의 추위로 초록 엽록소가 파괴되면서 본연의 색을 드러내 노란 단풍이 된다. 인생에도 추운 계절이 있다. 평소에 감사의 색소를 지녀야 한다. 고난의 계절이 와도 감사하면 아름다운 단풍이 된다.

22세 때 쓴 자기소개서가 60년 후 노년의 삶과 어떤 관계가 있는지 조사한 연구가 있다. 놀랍게도 감사 표현이 많을수록 수명이 길었다. 7년을 더 살았다. 물론 지금 감사한다고 환경이 바로 바뀌지 않을 수 있다. 하지만 감사할 때 하나님은 우리를 바꾸신다. 마음을 행복하게 하신다. 그 후에 환경도 행복하게 하신다.

"범사에 감사하라. 이것이 그리스도 예수 안에서 너희를 향하신 하나님의 뜻이니라"(살전 5:18).

여기서 뜻(델레마)은 소원이다. 하나님은 우리가 범사에 감사하길 소원하신다. 그렇다면 범사에 감사하라는 말씀은 무슨 의미일까? 어떤 환경에서도 하나님의 선하심을 믿고 감사하라는 뜻이다. 범사(파스)는 언제, 어디서든이란 뜻이다. 좋은 환경뿐 아니라 어려운 환경에서도 감사하라는 말씀이다.

감사의 말부터 시작하라.
좋은 일이나 성공할 때는 누구나 감사할 수 있다. 하지만 어려운 일이나 힘든 때 감사하기는 쉽지 않다. 내가 좋아하는 찬양 〈감사하리라〉의 가사다. "내게 주어진 하루를 감사합니다. 내게 또 하루를 허락하심을… 즐거운 일이든 혹 슬픈 일이든 감사드립니다. …비록 이 하루가 나를 울린다 해도 원망의 맘 품지 않을 이유는 나의 주님이 모든 일을 주관하셔서 선을 이루심이라" 우리는 감사할 수 없을 때도 감사할 수 있다. 왜냐하면 하나님이 모든 일을 주관하셔서 선을 이루기 때문이다.

심리학자들은 인간의 불평 이유를 명확히 설명한다. 인간의 마음은 자극을 부정적으로 인식하는 경향이 있기 때문이다. 감정이나 생각을 즐겁게 받아들이기보다 불쾌하게 받아들인다. 그래서 우리 마음은 부정적 사고에 길들어 있다. 이를 부정적 왜곡 이론이라 한다. 그러면 어느새 불평이 습관이 된다. 부정적인 감정이 체질이 된다. 그러므로 감사의 습관을 통해 잘못된 습관을 끊어야 한다.

서양 속담에 이런 말이 있다. "행복은 감사의 문으로 들어와 불평의 문으로 나간다." 송전교회는 감사의 말부터 시작했다. 그것이 교회 변화의 출발이었다.

서머캠프를 감사로 하다

우리 교회는 셀 중심 교회다. 다음세대부터 장년부까지 모두 셀로 편성되어 있다. 청년부도 셀 조직이며 셀리더 모임에 참여한다. 교회 청년들이 담임목사와 비전을 공유하는 일이 중요하기 때문이다. 청년들의 마음이 하나 되지 않으면 교회는 건강해지기 어렵다.

청년 리더들은 매주 별도 모임을 갖는다. 장년 셀리더 모임과 별개로 직접 비전을 공유한다. 다음세대도 매우 중요해서 내가 직접 챙긴다. 매달 마지막 주일 3부 예배 후에는 반드시 다음세대 지도 모임에 참석한다.

나는 교회학교와 성도들의 여름 행사를 셀별로 진행하고자 서머캠프를 만들었다. 각 셀이 하루나 1박 2일로 캠핑 또는 여행을 진행한다. 단순한 즐거움이 아닌 주제 중심의 소그룹 모임을 가진다. 가장 많이 다루는 주제가 감사였다.

서머캠프 출발 시에는 담임목사의 기도와 단체 사진 촬영이 필수다. 사전 기획안과 사후 평가서를 제출하게 하고, 각 셀은 서머캠프 포스터를 제작해 교회에 전시한다. 이 포스터는 카톡 프로필 사진으로도 활용한다. 서머캠프를 잘 운영한 셀에는 운영비를 지원한다. 최근에는 전교인 수양회와 번갈아 진행하고 있다.

서머캠프의 장점은 다음과 같다.
- 전체 성도가 함께 모여 감사로 수련회를 할 기회
- 셀리더가 리더십을 발휘할 시간
- 셀원 간 친밀감 강화
- 비활동 셀원과의 관계 개선
- 게스트 초대를 통한 전도의 장

나는 감사가 송전교회의 체질이 되길 바라며 여름 행사를 감사 집중 수련회로 바꾸었다. 서머캠프는 셀 연합과 감사 정착에 도움이 되었다(서머캠프 매뉴얼은 부록으로 넣었음). 이처럼 철저히 하는 이유는 감사가 성도들에게 축복의 선물이기 때문이다.

론다 번은 「매직」에서 말한다. "감사를 실천한 과학자, 발명가, 철학자들은 모두 그 결과를 얻었다. 하지만 오늘날 많은 이가 감사하지 않는다. 감사가 가져올 매직을 경험하려면 먼저 감사를 실천해야 한다." 감사는 기적의 도구다. 하나님은 감사하는 사람에게 감사할 일을 주신다.

감사행전을 시작하다

먼저 감사 불감증에서 탈출하라.

영화 〈터널〉은 안전 불감증의 심각성을 보여준다. 터널 붕괴 사고 피해자들은 이틀간 방치된다. 언론은 자극적 뉴스거리에만 집중한다. 소방관 대장만이 피해자를 살리려고 몸부림을 친다. 감독은 이 영화를 통해 안전 불감증이 얼마나 무시운지를 보여주려고 했다. 그런데 안전 불감증보다 더 위험한 것은 감사 불감증이다. 감사 불감증이란 당연히 감사할 일에 대해서 감사하지 않는 병이다.

누가복음 17장의 열 명의 나병환자 사례가 이를 알려준다. 예수님의 치유로 열 명의 나병이 나았는데 감사하러 돌아온 사람은 한 명뿐이다. 예수님의 말씀이다. "열 사람이 다 깨끗함을 받지 아니하였느냐. 그 아홉은 어디 있느냐?" 이와 같이 예수님은 감사하는 사람을 찾으신다.

그런데 현대 교회는 감사 불감증 환자가 많다. 통계상 90% 성도가 감사와 무관한 삶을 산다. 대부분 성도는 불평하며 살고 있다. 감사 불감증은 불평 과민증으로 나타나고 있다. 범사에 불평한다. 감사거리도 불평거리로 본다. 인생이 불행해진다. 그러므로 우리는 감사 불감증에서 탈출해야 한다. 왜냐하면 감사는 하나님의 소원이기 때문이다.

"항상 기뻐하라. 쉬지 말고 기도하라. 범사에 감사하라. 이것이 그리스도 예수 안에서 너희를 향하신 하나님의 뜻이니라"(살전 5:16-18).

전광 목사는 이 말씀을 이렇게 바꾸어서 전하기도 하였다. "항상 낙심하라. 쉬지 말고 원망하라. 범사에 불평하라. 이는 사탄의 뜻이다."

스탠퍼드 의대 필립 하터 박사의 연구 결과이다. 지구 인구 100명 기준이다. 인종별 분포는 아시아인 57명, 유럽인 21명, 미주인 14명, 아프리카인 8명이다. 성별은 남자 52명, 여자 48명이다. 종교는 비기독교인 70명, 기독교인 30명이다. 주거 환경 열악층은 80명이다. 문맹자는 70명이다. 영양 부족자는 50명이다. 대학교육과 컴퓨터 보유자는 1명이다.

이것을 보면 우리는 참으로 감사할 이유가 많다. 왜냐하면 우리는 집이 있다. 식량도 있다. 컴퓨터도 있다. 상위 1%에 해당된다. 지금도 30억 명은 예배를 자유롭게 드리지 못하고 있다. 그러나 우리는 감사보다는 불평에 익숙해져 있다. 이렇게 감사를 멀리하다 보면 행복도 멀어진다. 사회는 고통이 가득해진다.

일상에서 감사를 실천하라.

한국인은 감사 결핍증을 겪고 있다. 이규택 논설위원의 지적처럼 상점에서 물품을 구매할 때 주인이 친절하게 서비스를 제공해도 고객들은 감사하다는 말을 잘 사용하지 않는다. 공공 서비스나 시설을 이용할 때도 직원들의 도움에 감사 표현 없이 지나친다.

영국인들은 다르다. 신문을 살 때도 감사 인사를 전하고 상점에서 물품을 준비해 준 것에 감사의 마음을 표현한다. 작은 일에도 감사함을 느끼고 표현한다.

세계행복보고서에 따르면 한국의 행복지수는 OECD 국가 중 하위권이다. 대한민국은 현재 OECD 유일의 범죄율 증가국으로 절도와 살인이 증가 추세를 보인다. 경찰청 통계에 따르면 최근 5년간 강력범죄 발생률이 8% 상승했다.

감사는 행복의 시작점이다. 하버드대학 연구진은 감사 표현이 정기적으로 이루어지는 공동체에서 범죄율이 17% 낮다는 결과를 발표했다. 감사하는 마음은 사회적 유대감을 형성하고 타인을 존중하는 문화를 만든다.

성도의 감사 습관화는 단순한 종교적 행위가 아니라 시대적 요구이다. 일상에서 감사를 실천하는 것은 개인의 행복뿐 아니라 사회 전체의 행복을 증진시키는 강력한 도구이다. 감사는 불행을 없애는 길이다.

감사행전으로 삶을 변화시키다

감사행전은 날마다 감사를 전파하는 것이다.

코로나 팬데믹 속에서 송전교회는 감사 캠페인을 새롭게 시작했다. '감사행전'이라는 개념이 중심에 있었다. 감사행전은 성도들이 매일 감사를 실천하도록 돕는 운동이다. 이는 감사의 중요성을 일깨우고 성도의 삶에 긍정적 변화를 일으켰다.

송전교회는 감사 전문가인 이의용 교수님을 초대하여 감사세미나를 개최한 적이 있다. 교수님과 티타임을 가지면서 감사행전을 교회에 적용해 보아야겠다고 결심하게 되었다. 이것이 송전교회 감사행전의 시작이었다.

감사행전 캠페인을 시작하기 전에 개념을 정리할 필요가 있었다. 그래야 성도들에게 감사행전을 하는 이유를 설명할 수 있기 때문이다. 그래서 '행전'의 한자 의미를 찾아보았다. '행'은 '행하다', '돌아다니다', '걷다'의 뜻이 있으며, '전'은 '말하다', '전하다', '퍼뜨리다'를 의미한다는 것을 알게 되었다. 그래서 감사행전이 무엇인지 정의하게 되었다. 감사행전은 날마다 감사를 전파하는 사람들의 이야기다.

감사행전 캠페인을 시작하다.
코로나 기간 동안 감사행전 캠페인이 시작되었다. 그러면서 한 가지 깊이 느낀 점이 있었다. 감사행전을 지속하기가 쉽지 않다는 것이다. 매일 감사 미션을 만드는 것이 가장 어려웠다. 그래서 행복나눔125의 오세천 대표님에게 연락했다. 송전교회에서 만난 대표님과의 대화는 이 문제를 해결하는 데 많은 도움이 되었다. 200가지 이상의 감사 미션을 개발할 수 있었다. 감사 미션의 종류는 부록으로 실어 놓겠다.

감사행전은 송전교회 성도들의 헌신의 결과이다. 감사행전은 이제 송전교회 문화가 되었다. 성도들의 일상에 좋은 영향을 주었다. 특히 감사행전 캠페인에 적극적으로 동참해 준 셀리더들에게 고마운 마음이다.

브레네 브라운의 말은 의미심장하다. "일상의 평범한 순간들은 감사의 기회다. 그 순간들을 받아들이는 방식이 삶을 결정한다."

지금이야말로 감사행전에 한국교회가 동참해야 할 때다. 일상 속에서 감사의 기회를 발견하는 것이 필요하다. 이 여정의 시작은 인생의 기적과 만나는 것이며, 감사는 가장 강력한 변화의 도구다.

감사행전은
이렇게 진행했다

감사기도의 날

미국 미네소타주에서는 기적 같은 이야기가 전해져 온다. 1874년부터 1877년까지 3년간의 가뭄이 있었다. 거기다가 메뚜기 떼의 습격도 있었다. 농작물은 전멸했고 경제는 공황 상태에 빠졌다.

주지사 필스버리는 1877년 4월 27일 놀라운 선포를 했다. 그것은 "감사기도의 날"이었다. 농작물은 없었다. 그러나 그들의 목숨은 살아있었다. 주민들은 기회를 주시는 하나님께 감사하자고 외쳤다. 그들의 감사기도는 하늘을 덮었다. 그런데 놀라운 일이 일어났다. 들판의 메뚜기 떼가 며칠 만에 죽었다. 감사할 수 없는 상황에서 감사할 때 기적 같은 일이 일어났다.

그러므로 지금 우리에게는 무엇보다도 감사의 꽃씨가 필요하다. 감사의 꽃씨를 많이 뿌릴 때 내 인생은 꽃동산이 된다. 나비들이 모여든다. 사람들도 찾아온다. 감사의 향기가 주변에 가득하게 된다. 감사행전은 매일 감사의 씨앗을 뿌리는 것과 같다. 감사행전이 성공적으로 정착하면 이 지역은 감사의 꽃밭이 될 것이다.

코로나 상황에서 시작된 감사행전

송전교회에서 감사행전을 시작한 시기는 코로나 상황 속이었다. 당시 성도들과 셀, 교육부, 교사들, 담임 목회자와의 교제가 부족했다. 전체 성도를 향한 신앙 훈련도 절실했다. 감사행전은 이런 문제들을 해결할 열쇠였다.

송전교회 감사행전은 이렇게 진행된다. 우리 교회 행정팀이 디자인을 만들면 내가 그 안에 매일 감사 미션을 추가하고 수정한다. 그런 다음 매일 아침 성도들에게 감사 미션을 전송한다. 감사행전은 여러 긍정적 결과를 가져왔다. 코로나 시기에 한국 교회 이미지가 좋지 않았다. 그러나 감사행전으로 인해 송전교회 이미지가 개선되었다. 이는 감사 미션이 이웃들에게 감사를 전하는 것이었기 때문이다. 감사행전은 성도들과의 소통을 활성화시켰다. 다음세대에게도 감사의 중요성을 알리게 되었다.

감사 미션의 종류는 다음과 같다.
- 이웃에게 감사 인사 듣기
- 불평 없이 하루 살기
- 가족에게 요리해 주고 감사 인사 듣기
- 하루에 다섯 번 감사하기
- 칭찬하기
- 이웃에게 감사 선물하기

- 경청하기
- 미소인사데이

감사 미션의 핵심은 작은 일부터 지금 당장 실천하는 것이다. 이를 '나작지 감사'라고 부른다.

성전 작가는 이렇게 말한다. "길을 걷는 것은 언제나 현재이다. 그러므로 지금 여기에서 감사하라."

〈 송전교회 감사행전 매뉴얼 〉

먼저, 성도들 대상 감사행전이다.
1. 매일 감사 미션을 셀리더방에 올린다.
2. 그러면 셀리더들은 아침 7시까지 셀방에 공지한다.
3. 전 셀원과 성도들은 감사 미션을 수행한다.
4. 감사 미션 내용을 셀방에 올린다.
5. 셀리더들은 감사 미션 내용을 셀리더 카톡방에 올린다.
6. 셀리더는 각 셀방에서 셀 감사행전을 만든다.
7. 셀리더는 셀리더 카톡방에서 교회 감사행전을 만든다.

다음으로, 다음세대 감사행전이다.
1. 매일 감사 미션을 교육부 카톡방에 올린다.

2. 교사들은 아침 7시까지 각 셀방에 공지한다.
3. 교사와 아이들이 감사 미션을 수행한다.
4. 감사 미션 내용을 각 셀방에 올린다.
5. 교사들은 감사 미션 내용을 교육부 교사 카톡방에 올린다.
6. 교사는 각 셀방에서 셀 감사행전을 만든다.
7. 교사는 교사 카톡방에서 다음세대 감사행전을 만든다.

감사행전은 코로나 팬데믹이라는 암울한 시기에 하나님이 우리 교회에 주신 귀한 선물이었다. 성도들은 감사행전을 통해 많은 유익을 경험했다.

〈 성도들의 변화 〉

1. 교제의 풍성함
- 성도들 간의 교제가 깊어졌다.
- 주변에 긍정 에너지를 전파하게 됐다.
2. 개인의 행복
- 개인의 삶이 행복해졌다.
- 가족 관계가 회복됐다.
- 일상에 여유가 생겼다.
3. 영적 성장

- 경건 훈련이 강화됐다.
- 전도의 새로운 기회가 열렸다.

〈 교회 문화의 변화 〉

가장 놀라운 변화는 교회 문화였다. 뒷담화와 험담이 사라졌다. 이는 매우 의미 있는 변화였다.

※ 송전교회 성도들의 간증

▶ 셀 : 독수리 / 이름: 어선자

"아침 출근길, 나에게는 늘 찾아오는 귀한 손님이 있다. 그날의 감사행전을 만들어주는 감사 미션이 바로 그것이다. 나는 감사 미션을 실천하고 삶에서 승리하며 그리스도의 제자다운 삶을 살고자 일을 시작하기 전 차 안에서 기도한다. '오늘도 감사 미션에 순종하게 하소서.'
차에서 내리며 미션 제목을 머리에 새긴다. 직원들을 만나는 순간 감사 미션의 내용으로 감사 인사를 건넨다. 그러면 나와 상대방의 컨디션이 모두 좋아진다. 감사하기 힘든 상황에서는 그날의 미션을 묵상하며 인내로 생각을 바꾼다. 마음은 아프지만 결과는 늘 좋다. 남편과는 다툴 일조차 없어졌고 자녀들과의 관계도 더 좋아졌다.

감사행전으로 나는 주님의 성품을 닮아가고 있다. 하나님의 자녀로서 본분을 지키는 믿음이 생겼다. 이제 나는 행복한 인생을 디자인하며 하늘의 소망을 바라보며 산다. 그런 내 모습이 참으로 대견하고 내 삶이 가치 있게 느껴진다.

나를 늘 이끌어주시는 권준호 담임목사님께 깊은 감사를 드린다. 내 인생을 행복하게 만들어주신 목사님, 정말 감사합니다."

▶ 셀 : 에스더 / 이름 : 이성숙A

"먼저 감사 미션을 날마다 주시는 목사님께 감사를 드린다. 감사 미션 덕분에 매일 감사할 수 있어서 감사히다. 나는 이제 감사 미션을 기대하며 산다. 소중하고 귀한 하루를 언제 어디서나 감사함으로 맞이할 수 있기 때문이다. 이제 나는 환경을 초월할 수 있다. 역경 가운데서도 감사할 수 있기에 그 모든 것을 이기며 나아갈 수 있다. 어떤 일이 있어도 감사하는 마음으로 승리할 수 있다. 감사하는 가운데 감사할 일들이 줄을 잇고 있다. 오늘도 감사, 내일도 감사, 평생 감사로 이어지기를 간구한다."

C·H·A·P·T·E·R·4

감사 캠페인으로 감사 훈련하기

담임 목회자의 집중력

담임목사의 역할이 중요하다.

목회의 성패, 그 열쇠는 담임목사의 집중력에 있다. 교회의 모든 일에는 담임목사의 집중력이 결정적이다.

세렝게티의 누 떼에서 그 교훈을 얻을 수 있다. 누 떼는 건기가 되면 1,600km나 되는 거리를 이동해 새 풀을 찾는다. 수만 마리가 대지를 뒤흔들며 질주한다. 그런데 한 동물학자는 안타까운 사실을 발견했다. 누 떼가 매번 지름길을 놔두고 먼 길로 돌아간다는 것, 그 과정에서 낙오되어 죽는 누들이 생긴다는 것이었다. 이는 선두에서 무리를 인도하는 대장 누 때문이다. 대장 누가 잘못된 방향을 설정했기 때문이다.

이런 예는 타이타닉호, 세월호 사고에서도 드러나고 있다. 타이타닉호는 경고신호를 무시하고 위기 순간에 신속한 지휘를 하지 않았다. 세월호 역시 선장이 명확한 구조 지시를 내리지 않고 승객을 두고 먼저 탈출했다. 만약 선장이 집중력을 갖고 지시를 내렸다면 많은 생명을 살렸을 것이다.

선장은 목적지까지 안전하게 배를 운항하기 위해 항로를 확인해야 한다. 날씨를 예측하고 배를 조종하는 일에 집중해야 한다. 만약 선장이 딴생각하거나 한눈을 팔면 배가 길을 잃거나 위험에 빠질 수 있다.

교회 비전 연구소장 김종석 목사는 이렇게 말한다. "교회 목회가 건강하게 자리 잡으려면 담임목사의 집중력이 필수적이다. 담임목사가 집중력을 발휘할 때 비로소 교회는 활기차게 움직인다." 목회에서는 많은 일을 위임하는 것이 필요하다. 하지만 담임목사는 여전히 모든 일에 집중력을 유지해야 한다. 이를 통해 교회는 건강하게 성장할 수 있다.

경영학자 피터 드러커 역시 이 점을 강조했다. "목사의 역할이 단순히 설교나 가르침에 그쳐서는 안 된다. 목사는 교회의 경영자로서 교회의 건강을 위해서도 집중해야 한다."

제자 훈련과 전도, 셀 사역 등 교회의 주요 사역에는 모두 담임목사의 집중력이 필요하다. 평신도나 부목사에게 모든 것을 맡기고 담임목사가 방관자로 남아서는 안 된다. 하나님은 담임목사의 열정과 집중력을 원하신다.

절대 긴장의 끈을 놓지 말라.

감사 캠페인 사역 역시 마찬가지다. 성도들의 습관을 바꾸는 일이라 결코 쉽지 않다. 불평 없이 살아보기, 감사 일기, 감사행전, 감사 저금통 등의 사역을 진행할 때 나는 직접 매뉴얼을 만들었다. 진행 상황도 점검했다. 특히 감사행전은 직접 기획하고 있다. 감사행전을 셀리더와 교사들에게 전달한다. 매주 부서별 감사행전 진행 상황을 보고 받고 미흡한 부분이 있으면 직접 독려한다.

강단에서도 기회가 있을 때마다 감사를 강조한다. 절대로 긴장의 끈을 놓지 않는다. 왜냐하면 감사가 성도 개인과 가정, 교회 전체에 얼마나 큰 유익을 주는지 너무나 잘 알기 때문이다.

우리 모두 하나님께서 맡겨주신 사명에 온 힘을 쏟아붓자. 그 어떤 순간에도 긴장을 늦추지 말자. 우리의 작은 집중이 놀라운 열매를 맺게 될 것이다. 담임목사의 집중력, 그것이 교회의 미래를 가른다.

감사 설교로 동기 부여

담임목사의 자각

나는 부임하고 설교를 시작할 때 하나님께 드린 기도가 있다. "하나님, 설교하는 일은 참 부담되는 일입니다. 평생 이 일을 할 수 없을 것 같아 겁이 납니다. 매주 다른 설교를 하는 일은 보통 어려운 일이 아닙니다. 하지만 하나님 단 한 가지를 주님에게 약속합니다. 어떤 설교를 하든 이 설교가 나의 인생의 마지막 설교인 듯하겠습니다." 그러면서 어떤 설교를 할지 기도하며 고민했다. 그때 하나님이 주신 마음이 언어 설교였다. 왜냐하면 교회의 대부분 문제는 언어로 발생하기 때문이다.

언어로 인한 문제는 세 가지로 나타난다. 첫째 서로 간의 갈등이 생긴다. 이 갈등으로 인해 비판이나 불화가 생긴다. 둘째 목회활동에 영향을 준다. 설교나 목회활동을 할 때 목회자 자신의 열정이 떨어진다. 성도의 눈치를 보게 된다. 셋째 신앙생활을 무너뜨린다. 그래서 교회 생활이 힘들어진다. 더욱 심해지면 교회가 분열되기도 한다. 반대로 감사의 말이 풍성해지면 성도들의 관계도 풍성해진다.

그래서 데보라 노빌은 다음과 같은 말을 전한다. "세상의 수많은 위대한 성공에는 0.3초의 기적, 즉 '감사합니다' 라는 말 한마디가 있다. 0.3초 만에 고백하는 감사는 놀라운 일, 특히 사람과의 관계 개선을 일으킨다."

배광호 목사도 이렇게 말한다. "인간관계가 틀어졌거나 깨진 경우, 상처 입은 마음으로 괴롭거나 분노를 느끼고 탓할 때도 감사하는 마음으로 관계를 바꿀 수 있다. 감사하는 마음은 어떤 관계라도 마법처럼 개선시킬 수 있다."

나는 성도들이 감사하는 삶을 살도록 마음을 움직이고 싶었다. 그래서 감사의 중요성을 전하는 설교를 준비했다. 마치 마른 땅에 물을 주듯 성도들의 마음에 감사를 심고 싶었다.

감사 설교를 시작하다.

감사 설교를 하니 좋아진 점이 있다.

첫째, 교회 공동체가 하나 되어갔다. 감사 설교는 교인들이 서로에 대한 감사한 마음을 갖게 하였다. 서로가 친밀해지게 했다.

둘째, 영적 회복에 도움이 되었다. 감사 설교는 성도들이 어려움 속에서도 감사한 마음을 유지하도록 격려하였다.

셋째, 하나님에 대한 감사가 넘치게 하였다. 과거에 하나님이 어떻게 도왔는지를 기억했다. 미래에 대해서도 하나님이 도울 것임을 확신하게 하였다

넷째, 성도들의 기도가 달라졌다. 성도들의 기도 인도 시간에 '주옵소서'가 줄어들고 '감사합니다'가 등장하기 시작했다 이루어진 일에는 감사를 고백하고 이뤄지지 않은 일에 대해서는 믿음으로 감사기도를 드렸다.

감사 설교를 처음 시작할 때는 한 달 동안 집중적으로 진행했다. 맥추감사절과 추수감사절에는 각각 2주간 감사 설교를 준비한다. 이를 통해 감사절에 더욱 적극적으로 참여하도록 권면하고 있다.

다음은 그동안 해왔던 감사 설교 제목들이다.

- 감사는 부메랑이다.
- 감사는 행복의 문을 여는 열쇠다.
- 감사는 보너스 신앙이다.
- 감사 불감증
- 감사가 주는 3가지
- 감사는 감사할 일을 부른다.
- 감사는 더하기이다.
- 감사는 전염된다.
- 행복은 감사로부터 시작한다.
- 지금 여기서 감사하라.

그 외에도 많은 감사 설교를 했다. 감사가 넘치는 교회가 되려면 감사 설교를 많이 해야 한다. 찰스 스펄전은 말한다. "실교 상단이 강조하는 내로 교회는 움직인다."

제자 훈련에서의 감사 훈련

프로로서 태도의 중요성

김성근 감독은 은퇴 선수들을 데리고 이런 말을 했다. "여러분은 프로출신이고 돈 받고 야구하고 있어. 돈 받는다는 건 프로라는 것이다." 텔레비전 야구 프로그램이었다. 왕년에 잘 나갔던 선수들이 나왔다. 이들을 모아서 경기하는 것이다. 아무래도 은퇴 선수이므로 연습이나 훈련이나 진심이 없었다. 그래서 따끔하게 일침을 가한 것이다.

프로와 아마추어의 차이가 뭘까?

첫째, 프로는 일에 대한 책임감이 강하고 전문가적 태도를 가진다. 아마추어는 취미 수준의 태도를 가진다.

둘째, 프로는 실수하지 않을 때까지 끊임없이 연습하고 노력한다. 아마추어는 어느 정도 만족스러운 수준에서 멈춘다.

셋째, 프로는 해보겠다고 한다. 아마추어는 안 되겠다고 한다.

넷째, 프로는 평생 공부한다. 하지만 아마추어는 한때 공부한다.

나는 감사도 그렇다고 생각한다. 우리는 감사 프로가 되어야 한다. 감사의 프로 같다는 말을 들어야 한다. 그러기 위해서 훈련이 필요하다. 감사는 훈련으로 만들어지는데 그 이유는 다음과 같다.

첫째. 인간은 부족함에 집중하는 경향이 있다. 그래서 현재 가진 것에 대한 감사보다는 불만과 불평으로 이어질 수 있다. 행동 경제학자 다니엘 카너먼은 이렇게 말한다. "인간은 부족함에 집중하는 경향이 있다. 그래서 감사보다는 불만과 불평을 쉽게 느낀다."

둘째, 감사는 근육과 같아서 의식적 노력이 필요하다. 헬스장에서 처음엔 5kg도 못 드는 사람이 매일 반복해서 운동하면 어느새 10kg, 20kg도 거뜬히 든다. 운동으로 근육이 자라듯 매일의 감사로 우리의 영적 근육도 자란다.

셋째, 인간은 타락으로 인해 하나님의 형상을 잃어버렸다. 그래서 불평과 부정적인 성향을 가지게 되었다. 이것을 죄성이라고 하며 감사를 훈련하면 습관이 될 수 있다.

넷째, 감사를 훈련하면 믿음이 성장한다. 제자 훈련 시 감사 훈련을 시키면 하나님과의 관계가 깊어지고 하나님의 인도를 받을 수 있다.

제자 훈련에 감사 훈련을 도입하다.

루이스 벌코프는 '감사하는 마음'에 대해 이렇게 말한다. "감사하는 마음은 하나님과의 관계를 더욱 깊게 하고 긍정적인 사고방식을 키우며 행복과 만족을 가져다준다."

감사 훈련은 우리의 영적 성장과 행복한 삶을 위한 강력한 원동력이 된다. 감사나눔신문 대표 김용환 씨는 말한다. "감사는 훈련이다. 처음에는 힘들어도 계속 감사를 훈련하다 보면 생각이 바뀐다. 생각이 바뀌면 말이 바뀐다. 말이 바뀌면 행동이 바뀐다. 행동이 바뀌면 습관이 바뀐다. 습관이 바뀌면 성격이 바뀐다."

나는 제자 훈련 단계에 감사 훈련을 도입했다. 제자 훈련 1단계에서는 감사행전을 하고 2단계에서는 감사 관련 책을 읽게 하며 감사행전을 더욱 강조한다. 특히 2단계에서는 내적 치유 수양회를 진행하는데 1박 2일 동안 100가지 감사제목을 적게 한다. 교회와 담임목사, 성도, 가족, 배우자 등에 대한 감사를 표현하도록 훈련한다. 왜냐하면 내적 치유는 감사를 통해서도 일어나기 때문이다. 3단계에서는 감사 일기의 중요성을 가르치고 매일 쓰도록 안내한다. 또한 감사 저금통 훈련을 통해 매일 감사를 심도록 한다.

송전교회가 감사하는 교회로 변화된 큰 동력은 바로 이러한 제자 훈련이었다. 나는 과제물을 통해 의지적으로 감사를 훈련하도록 이끌었다. 만약 제자 훈련을 진행하는 교회라면 감사 도서와 감사 훈련을 과제물로 포함시켜 훈련하면 큰 도움이 될 것이다.

훈련받은 성도들이 감사운동을 이끌어갔다

주변에 긍정적인 영향을 끼치는 감사운동

「시크릿」 열풍이 불었다. 우리나라에서 100만 명이 이 책을 읽었다. 이 책의 저자 론다 번은 생각을 바꾸면 꿈이 이루어진다고 주장한다. 하지만 어떤 사람은 생각을 바꿔도 꿈이 이루어지지 않는다고 말한다. 그래서 러시아 물리학자 바딤 젤란드는 「리얼리티

트랜 서핑」이라는 책을 출판했다. 이 책은 러시아에서 170만 권 이상 판매되었다. 저자는 꿈이 이루어지지 않은 이유를 팬듈럼 에너지 때문이라고 설명한다.

팬듈럼은 부정적인 생각이 모여 형성된 나쁜 파동이다. 부정적인 감정과 생각이 모이면 공중에 떠다니며 비슷한 것들끼리 뭉쳐져 팬듈럼이 된다. 나쁜 파동은 나쁜 사람과 일들을 서로 당겨 현실화한다는 것이다.

그런데 전 세계는 팬듈럼으로 가득한 상태가 되어 있다. 한국교회와 성도들도 두려움 가운데 살아가고 있다. 이대로는 나쁜 일과 사람들만 만나게 될 것이다. 팬듈럼은 사람들의 불안과 두려움을 감지한다. 그러면 더욱 왕성하게 활동한다. 특히 불평하거나 억지로 일할 때 무서워할 때 더 활발해진다. 그러나 우리는 팬듈럼을 제거할 강력한 무기를 가지고 있다.

바딤 젤란드는 이렇게 말한다. "팬듈럼을 없애는 방법이 바로 감사이다. 감사는 언제나 좋은 것을 끌어당기고 팬듈럼을 사라지게 한다."

그러므로 감사하는 사람은 주변에 긍정적인 영향을 미친다. 다른 사람에게도 좋은 영향을 준다. 교회에서 감사를 주도하는 사람은 훈련받은 사람들이다. 특히 셀리더들이다. 이들이 감사하면 셀 공동체 안에서 감사가 점점 전염될 것이다.

감사는 영적 감염을 일으킨다.

캘리포니아대학의 토머스 사이 교수는 굉장히 멋진 말을 하였다. "부하는 리더의 절대적 영향을 받는다." 리더가 열심히 일하면 부하도 열심히 일하고 리더가 즐겁게 일하면 부하도 일을 즐기게 된다. 사이 교수는 이를 "리더의 감염 작용"이라고 부른다.

상대방에게 어떤 일을 시키고 싶다면 본인이 먼저 행동으로 모범을 보이면 된다. 내가 하기 싫은 일이나 능력 밖의 일을 다른 사람에게 강요하는 것만큼 어리석은 짓은 없다. 내가 움직이면 주변 사람들도 자연스럽게 움직이게 된다. 사도 바울도 말씀하셨다.

"내가 그리스도를 본받는 자가 된 것 같이 너희는 나를 본받는 자가 되라"(고전 11:1).

리더가 먼저 감사하면 셀원들도 따라하게 된다. 이렇게 교회 내에서 영적 감염이 일어난다. 리더가 감사하는 사람이 되려면 리더가 먼저 감사를 훈련하면 된다.

다음은 감사가 전염됨을 고백한 송전교회 이선희 집사의 간증이다.

"담임목사님의 설교 말씀을 통해 감사의 중요성을 알게 되었으며 추천 도서를 읽으면서 감사하는 습관이 얼마나 중요한지를 깨달았다. 전문 강사님의 강의도 듣고 다양한 간증들도 접했지만 쉽지 않았던 감사 실천을 담임목사님의 반복되는 감사행전을 통해 실천할 수 있어 감사드린다.

감사 미션을 통해 매일 삶에서 감사 미션을 실천하려고 노력했다. 주변에 감사 미션을 함께하는 사람이 많아서 감사가 바이러스처럼 전염되어 불평하려는 마음, 비판하려는 마음이 긍정적인 생각과 감사로 변해갔다.

코로나19로 답답한 일상을 보낼 때도 가정 안에 여러 가지 문제가 생겼을 때도 가족들이 함께 감사 미션을 하고 매일 감사 일기를 함께 쓰며 삶을 나누다 보니 불평하거나 절망적인 말을 하지 않고 긍정적인 말로 서로를 응원하고 하나님이 이루실 일들을 기대하며 감사할 수 있었다. 적극적으로 감사를 표현하고 감사한 마음을 전달할 수 있어 가족들의 사랑이 더 깊어질 수 있었다. 감사하는 사람과 함께 있으면 모든 것이 감사로 가득 차게 된다는 말이 내 삶 속에서 이루어지고 있음을 경험하고 있다.

감사의 습관은 기쁨을, 기쁨은 행복을 부른다. 현실은 크게 변한 것이 없다. 하지만 감사를 생활화하면서 우리 가정 안에는 행복이 더 충만해졌다. 그래서 감사하는 습관은 행복을 부른다는 것을 매일 경험하고 있다."

셀교회의 감사 훈련,
셀 교제를 풍성하게 하다

좋은 인간관계가 중요하다.

취업포털사이트 〈파인드 잡〉에서 20대 이상 직장인을 대상으로 조사했다. 직장생활하는 데 가장 큰 스트레스를 주는 것이 무엇인가? 결과 단연 1위는 인간관계였다. 사람과의 갈등, 사람과의 오해로 가장 많은 스트레스를 받고 있었다. 그 결과 심리적 질병, 육신적 질병까지 얻고 있었다.

1938년 하버드대 성인 발달 연구팀은 미국인 724명의 삶을 75년간 추적했다. 그들의 일, 가정생활, 건강에 대해서 파악했다. 연구 책임자였던 하버드대 로버트 윌딩거 교수는 다음과 같은 결론을 내렸다. "우리가 깨달은 건, 좋은 인간관계만이 인간을 더 행복하고 건강하게 만든다는 사실입니다. 출신지와 직업, 재산은 행복과 직접적인 관련이 없었습니다."

로버트 윌딩거 교수는 세 가지 교훈을 얻었다고 밝혔다.

첫째, 인간관계가 좋은 사람들이 그렇지 않은 사람들보다 더 행복하게, 더 오래 살았다.

둘째, 친구가 몇 명인가가 중요하지 않다. 친구와 얼마나 질 좋은 관계를 맺고 있느냐가 중요하다. 80세 이상 어르신 중에서 친구가 많지 않아도 30년 이상 함께 어울려온 좋은 친구가 있는 사람이 더 행복하였다.

셋째, 좋은 인간관계는 두뇌도 건강하게 했다. 의지할 수 있는 친구를 둔 사람의 기억력이 오랫동안 잘 유지 되었다. 반면에 관계를 맺고 있는 상대가 의지가 안 된다고 느끼는 사람들은 빠른 기억력 감퇴를 보였다.

셀의 성패는 관계에 달렸다.

강준민 목사는 「관계의 법칙」에서 이렇게 말한다. "인간관계는 모든 영역에서 중요하다. 사람은 관계를 떠나서는 아무것도 할 수 없다. 아무리 부요해도 관계가 깨어지면 불행해진다. 아무리 재능이 훌륭해도 관계가 부족하면 존경받지 못한다. 아무리 지식과 기술이 뛰어나도 관계가 깨지면 자신이 처한 공동체에서 두각을 나타내지 못한다. 결국 관계에 따라 행복이 결정되고 성공이 결정되고 승리가 결정된다."

교회의 모든 모임은 좋은 인간관계가 중요하다. 관계가 좋아야 셀 모임도 풍성해진다. 그리고 놀라운 것은 감사가 모든 모임을 풍성하게 만든다는 것이다.

목회데이터 연구소 지용근 소장의 조사에 따르면 소그룹 활동 참여자는 비활동자보다 감사 성향이 높았다. 이는 소그룹 모임이 감사를 나누는 데 유익하다는 것을 보여준다.

이 조사는 송전교회에서도 확인되고 있다. 송전교회 감사운동은 셀 중심으로 일어나고 있다. 정기적인 셀 모임을 위해서는 셀 라이프가 중요하다. 셀 라이프는 주중에 셀원들과 교제하는 것이다. 셀원들과 매일 만날 수 없으나 매일 셀원들과 교제를 만드는 방법이 있다. 그것이 감사행전이다. 매일 감사 미션을 삶속에서 진행한다. 저녁에 셀 카톡방에서 서로의 감사를 나눈다. 셀 교제가 풍성해진다. 셀원끼리 주중에도 끈끈하게 연결되게 한다.

셀라이프를 위해 성경 읽기를 추천한다. 송전교회는 제자 훈련 과정에서 성경읽기학교를 수료하게 한다. 셀별로 카톡방을 만들어 매년 1회 성경읽기반을 진행한다. 이를 통해 매일 감사행전과 성경 읽기로 셀원들 간의 교제가 더욱 풍성해졌다.

송전교회 성도들의 감사행전

자연현상 중에 동조라는 것이 있다. 예를 들면, 두 개의 컵을 놓고 한쪽 컵을 울리면 옆에 있는 컵이 같이 울린다. 광고에서처럼 소프라노 가수가 매우 높은 음으로 노래하면 컵이 실제로 깨지기도 한다. 소프라노의 노랫소리와 컵의 주파수의 영역이 같기 때문이다. 동조현상이다.

모든 사물은 고유의 파동을 가지고 있다. 그래서 서로 교류가 가능하다. 그런데 사람 역시 강력한 에너지로 파동을 발산한다. 상대방이 저항하지 않으면 우리의 에너지에 동조하게 된다. 우울한 사람이 있는 방에 들어가면 기분이 우울해진다. 불평하는 사람이 있는 모임에 있는데 내가 저항하지 않으면 나도 불평하는 사람이 된다.

그래서 넬슨과 칼라바 박사는 말한다. 자신의 파동이 강력하지 않으면 다른 사람의 파동에 동조된다. 그들의 강력한 파동은 당신에게 영향을 미친다. 내가 발산하는 파동과 에너지는 그대로 되돌아온다. 내 옆에 있는 사람이 불평을 발산하는데 강력하게 감사로 거절하지 않으면 내가 영향을 받는다. 나도 불평하는 사람이 된다. 불행한 일로 되돌아온다. 불평하는 사람이 더욱 몰린다. 내 상황이 최악일 때, 불행의 에너지가 퍼져 나간다. 하지만 강력한 감사로 싸우면 이겨낼 수 있다.

과거 송전교회에는 여러 문제가 많았다. 많은 위기도 겪었다. 그러나 모든 어려움을 잘 극복했다. 이 책을 쓰는 현재도 교인들의 이런 고백을 듣고 있다. "예전에 제가 송전교회 있을 때는 험담이 많았습니다. 불평이 많았습니다. 그런데 지금은 거의 불평이 없어졌습니다. 감사가 넘치고 있습니다."

전광 목사의 책에는 감사촌과 불평촌이라는 두 마을 이야기가 나온다. 불평촌 사람들은 봄부터 겨울까지 무엇을 하든지 불평을 쉬지 않았다. 봄에는 황사 때문에 먼지가 많다고 불평했다. 여름에는 너무 덥고 모기가 많다고 불평했다. 가을에는 나무 잎사귀가 많이 떨어진다고 불평했다. 겨울에는 눈이 많이 오고 춥다고 불평했다. 무슨 좋은 일이 생겨도 혹시 잘못되지 않을까 하는 염려로 감사하지 못했다. 불평이 습관이었다.

그러나 감사촌에 사는 사람들은 정반대로 어떤 일에도 감사했다. 고생을 해도 감사하고 시련을 만나도 감사했다. 봄에는 꽃향기에 감사했다. 여름에는 시원한 나무 그늘을 감사했다. 가을에는 탐스러운 열매를 감사했다. 겨울에는 나뭇가지에 하얗게 쌓인 눈꽃을 감사했다.

하루는 불평촌 사람들이 감사촌에 가서 사람들이 감사하는 소리를 듣고 놀랐다. 잠시 동안 그들을 따라 하다가 저녁이 되어 집으로 돌아와 가족들에게 말했다. "에이 감사촌에 갔다가 얻은 것도 없이 괜히 감사만 실컷 하고 왔네."

송전교회는 감사촌으로 변하고 있다. 송전교회의 감사행전은 과거에만 한정된 것이 아니다. 현재도 진행 중이다. 하나님이 우리 교회에 감사행전을 주신 것은 큰 축복이며 선물이다.

※ 송전교회 성도들의 감사 이야기

김미정 집사의 간증이다.

"감사행전을 하면서 먼저 남편과 나는 부모가 감사 표현을 아이들에게 지도하면서 부모의 올바르고 긍정적인 권위가 자녀에게 전달되고 있다는 것을 느낄 수 있었다. 그리고 자녀들은 현재 부모의 삶을 바탕으로 자신들이 성장하여 각각의 삶을 살아갈 때 자신들의 삶이 매우 풍요롭게 완성되어 갈 것이라는 긍정적인 기대와 예측을 할 수 있게 되었다.
감사행전을 실천하면서 자녀들은 지속적인 감사 표현을 통해 인격적인 성장을 이루고 있다. 감사하는 습관을 통해 말과 행동으로 표현된 감사는 부모와 자녀뿐만 아니라 더 많은 사람이 함께 누릴 수 있는 긍정적인 에너지가 될 것이다. 우리 자녀가 감사하며 성장할 때 영적 성장과 긍정적인 에너지로부터 오는 건강한 면역력이 생성될 것이다."

황인영 학생의 간증이다.

"감사행전은 나에게 많은 유익을 준다고 생각한다. 그중에서도 가장 큰 것은 다른 사람을 더욱 존중하고 배려하는 마음가짐을 갖게 된 것이다. 감사행전은 매일의 삶에서 작은 것이라도 감사할 만한 것들을 발견하고 이를 기록하며 자신의 삶에 감사함을 느끼도록 한다. 이렇게 감사함을 느끼게 되면 자연스럽게 다른 사람들에게도 더 적극적으로 감사의 마음을 전하게 되고 그들을 더욱 존중하고 배려하는 마음을 갖게 된다.

또한 감사행전은 스트레스를 줄이고 생각을 긍정적으로 유지하는 데도 큰 도움을 준다. 일상에서 지나치게 부정적인 것들에 집중하다 보면 마음이 지치고 우울해지기 쉬우므로 일상에서 감사할 것들을 발견하고 이를 긍정적인 에너지로 전환하는 것이 중요하다. 그리고 이러한 자세는 성공적인 삶을 살기 위해서도 필수이다.

마지막으로 감사행전은 자신의 성장과 발전을 촉진시키는 데도 큰 역할을 한다. 감사의 마음을 유지하면서 자신의 부족한 점을 스스로 인정하고 이를 개선하기 위한 노력을 계속하면서 성장해 나갈 수 있다. 이를 계기로 난 한층 밝아진 것 같다."

김규영 교사의 간증이다.

"감사행전은 해야 하지만 하기 싫은 귀찮은 숙제였다. 그러다 보니 '나는 이렇게 했어'라고 과시하는 형태로 하기도 하고 나는 할 수 있다고 스스로를 채찍질하는 하나의 도구였다. 그렇게 시작된 감사 미션이지만 감사를 100번 외치면 불같이 솟아오르던 화도 사그라지고 마음에 평안이 찾아오며 내 말과 행동에 변화가 생기기 시작했다. 부정적인 말보단 긍정의 말로 즉각적인 행함보다는 한 번 더 생각하고 행함으로, 그리고 쑥스럽지만 마음을 표현하기 위해 노력하게 되었다.

화가 나는 일이 있으면 말과 행동으로 표현하지는 않더라도 어떻게 할까 고민하며 그 일을 속으로 곱씹곤 했었는데 이제는 그럴 때마다 감사를 더 열심히 외친다. 그러면 이것도 주님의 은혜임을 고백하게 되고 화도 가라앉아서 그날의 삶을 충실히 살아가게 된다. 아직도 부족하지만 나를 하나님의 사람으로 만들어 가시는 길이 은혜임을 고백한다."

다음은 감사 미션 디자인을 하는 강나란 집사의 간증이다.

"매주 월요일, 주일의 떠들썩함이 사라진 조용한 월요일이면 나는 교회에 나와 감사 미션에 사용될 배경을 만든다. 2020년에 목사님께서 감사 미션 배경 몇 개만 만들어 달라고 하셔서 시작된 이 사역은 그 몇 개가 매주 7개씩 3년이 지나는 동안 1,000개가 넘었다.

이 배경에 관심을 보일 사람이 몇이나 있을까 싶기도 하다. 다들 목사님의 감사 미션 내용을 확인하는 데 집중하느라 배경은 눈에 들어오지 않을 듯싶다. 그렇지만 작은 것에 순종하고 내가 맡은 일에 최선을 다하는 게 제자의 삶이라고 생각한다.

특별한 교회 절기가 다가오면 그날의 포인트를 넣기 위해 나도 공부하게 된다. 초신자였던 내가 절기의 상징에 대해 더 많이 알게 되었고 교회 행사 하나하나를 놓치지 않고 미션지에 넣기 위해서 나름 적잖게 노력하고 있다.

대부분의 성도는 미션지를 누가 만드는지도 모르기에 나에게 돌아오는 칭찬도 격려도 없다. 그래도 나는 이 사역이 재밌고 즐겁다. 하나님이 주시는 기쁨이 있기에 그것으로 만족한다. 이런 사역을 맡을 수 있는 나의 상황에 감사하고 또 우리 교회가 하는 감사행전에 조금이나마 도움을 줄 수 있다는 것이 기쁘다.

이 사역을 하면서 기도가 늘었다. 아이디어가 떠오르지 않으면 조용히 읊조리며 기도한다. 좋은 배경이 떠오르게 해 달라고 생각을 열어 달라고. 그러면 그때마다 생각지 못했던 배경들이 떠오르게 해 주신다. 결국 이 일은 하나님이 하신 것이다. 그러기에 나는 감사하고 순종하며 따른다."

| 에필로그 | 감사는 나부터 시작해야 한다

〈생활의 달인〉이라는 TV 프로그램을 본 적이 있는가? 이 프로그램은 한 분야에서 열정과 노력으로 달인의 경지에 오른 사람들을 주인공으로 다룬다. 이들은 달인이 되기 위해 약 10,000시간을 투자한 것으로 알려져 있다. 말콤 글래드웰의 「아웃라이어」라는 책에서도 한 분야의 전문가가 되려면 10,000시간의 훈련을 해야 한다고 강조했다. 10,000시간을 달성하려면 하루에 몇 시간을 투자해야 할까? 1년이면 하루에 약 27시간 20분을, 2년이면 하루에 약 13시간 40분을 투자해야 한다. 9년이면 약 3시간을, 10년이면 약 2시간 50분을 들여야 한다.

그렇다면 감사 일기는 어떨까? 하루에 몇 시간이나 필요하지 않다. 단지 하루 10분만 투자하면 충분하다. '복리'라는 말을 들어본 적 있는가? 저축할 때 원금에 이자가 붙고, 그 이자에 또 이자가 붙는 걸 '복리'라고 한다. 처음에는 변화가 작아 보이지만 시간이 지날수록 눈덩이처럼 불어난다. 재미있는 사실은 우리의 감사도 이런 '복리' 효과가 있다는 것이다. 작은 감사를 매일 실천하면 처음에는 큰 변화가 없어 보인다. 하지만 시간이 지날수록 더 많은 감사거리가 생겨난다. 그러므로 감사를 시작하자. 나부터 시작해 보자.

공연장에서 일어나는 흥미로운 현상이 있다. 한 사람이 일어나 박수를 치기 시작하면 주변 사람들이 따라 박수를 치고 곧이어 눈덩이처럼 불어나 전체 관객으로 퍼져나간다는 것이다. 연구에 따르면 관객의 약 5%만 진심으로 감동받아 일어나서 박수를 치면 전체 관객의 스탠딩 오베이션(기립박수)을 끌어낼 수 있다고 한다. 이것은 한 사람의 용기 있는 행동이 전체 집단의 변화를 끌어낼 수 있다는 것을 보여준다.

감사하는 가정을 어떻게 만들 것인가? 감사하는 학교를 어떻게 만들 것인가? 감사하는 교회를 어떻게 만들 것인가? 감사하는 소그룹을 어떻게 만들 것인가?

감사는 나부터 시작해야 한다. '나부터, 작은 것부터, 지금부터' 시작하는 감사(나작지감사)는 강력한 변화를 만들어낸다. 한 사람의 감사는 물결처럼 퍼져나간다. 먼저 자신의 마음에, 그다음 가정에, 셀 모임에, 그리고 교회 전체로 번져나간다. 불평이 가득한 상황에서도 한 사람의 감사는 주변을 변화시키는 힘이 있다. 특히 교회와 셀 모임에서 감사를 나누는 것은 매우 중요하다. 감사가 나눠질 때마다 그리스도의 평강이 임하고 공동체는 하나가 된다.

송전교회의 감사행전은 지금도 진행 중이다. 과거의 이야기도 아니다. 현재도 진행되고 있다. 나는 송전교회가 가능했기에 모든 교회가 가능하다고 생각한다. 감사의 문화가 모든 교회와 성도들에게로 퍼져, 모든 한국교회가 감사촌이 되는 날을 꿈꿔본다.

특·별·수·록

추수감사축제 매뉴얼 및 감사 미션 내용

특·별·수·록·1

송전교회 추수감사축제 매뉴얼

♠ 기간 : 10월 말부터 11월 3째 주까지
♠ 진행 프로그램

1. 셀별, 교회학교 교회 데코 축제
- 교회 전체에 한 해에 대한 감사를 데코로 꾸민다.
- 모든 과일은 이웃 섬김을 위해 나눈다.

2. 실버셀 추수감사 떡 봉사
- 모든 성도를 위한 추수감사 떡으로 섬긴다.

3. 감사 커피 릴레이 축제
- 감사할 분에게 감사 커피(케이크, 샌드위치, 호빵)와 감사 메모 5개를 써서 전달한다.
- 감사 커피를 받은 사람은 또 다른 사람에게 전달하여 감사 커피가 끊어지지 않게 한다.
- 개인이 5명에게 감사 커피를 전하도록 한다.

4. 평생 감사 노트 강단 꾸미기
- 평생 감사 노트를 강단에 올려 봉헌한다.
- 자신의 감사를 하나님 앞에 드린다.
5. 추수감사 뮤직비디오 페스티벌

♠ 진행방법

1. 홍보 및 안내
- 포스터, 현수막, 홈페이지, 주보 등을 통해 평생 감사 노트 프로젝트 홍보
- 사각형 현수막을 본당 오른쪽에 게시
- 각 층에 포스터 부착
- 홈페이지와 주보에 프로젝트 소개와 감사일기 작성법 안내
- 10월 첫 주 제작, 둘째 주부터 게시

2. 감사 우편함 설치
- 감사편지를 넣을 수 있는 우편함을 본당 앞에 배치
- 10월 첫 주 행정팀 제작, 둘째 주부터 사용

3. 감사편지 샘플 비치
- 우편함 옆에 감사편지 샘플 비치
- 교회 홈페이지와 주보에도 게재
- 10월 둘째 주까지 준비, 셋째 주부터 배포

4. 데코 장소 지정 및 꾸미기

- 셀과 교회학교 각 반별로 감사일기 게시 공간 지정
- 본당이나 교육관의 벽, 게시판 활용
- 10월 셋째 주까지 장소 선정, 넷째 주부터 장식

5. 추수감사 뮤직비디오 페스티벌

- 감사찬양을 선정하여 뮤직비디오 제작
- 셀, 교육부, 가족 단위 참여 가능
- 추수감사주일 오후 상영
- 운영비로 시상커피

특·별·수·록·2
감사 행전 캠페인

▶ 의미
- 행(行) : 행하다, 돌아다니다, 걷다.
- 전(傳) : 말하다, 전하다, 퍼뜨리다.
- 불평행전 : 돌아다니면서 사람들에게 불평을 퍼뜨리는 사람들의 기록을 의미합니다.
- 감사행전 : 돌아다니면서 사람들에게 감사를 퍼뜨리는 사람들의 기록을 뜻합니다.

▶ 지금 우리 교회는 감사행전 캠페인을 하고 있습니다.
1. 매일 감사 미션을 셀리더방에 올려 드립니다.
2. 그러면 셀리더들은 아침 7시까지 셀방에 공지합니다.
3. 전 셀원들과 성도들은 감사 미션을 수행합니다.
4. 감사 미션 내용을 셀방에 올립니다.

5. 셀리더들은 감사 미션 내용을 셀리더 카톡방에 올립니다.
6. 셀리더는 각 셀방에서 셀 감사행전을 만듭니다.
7. 셀리더는 셀리더 카톡방에서 교회 감사행전을 만듭니다.

▶ 교육부 용

1. 매일 감사 미션을 교육부 카톡방에 올립니다.
2. 교사들은 아침 7시까지 각 셀방에 공지합니다.
3. 교사와 아이들이 감사 미션을 수행합니다.
4. 감사 미션 내용을 각 셀방에 올립니다.
5. 교사들은 감사 미션 내용을 교육부 교사 카톡방에 올립니다.
6. 교사는 각 셀방에서 셀 감사행전을 만듭니다.
7. 교사는 교사 카톡방에서 다음세대 감사행전을 만듭니다.
8. 감사일기는 각 셀 방에만 올려서 공유합니다.

특·별·수·록·3
감사 미션 내용

▶ 일상 감사 실천 (1-20)

1. 감사 걷기 - 가족, 친구, 직장, 교회, 세상의 모든 것들에 대해서 감사할 것을 떠올리며 걷는 연습을 한다.
2. 하루 한 번 친절 - 아는 사람 누군가에게 하루에 한 번 이상 친절을 베풀어 본다.
3. 마니또 정하기 - 오늘 한 명을 마니또로 정하여 그에게 배려를 해본다.
4. 나를 위한 드라이브 - 나를 위해 드라이브를 해본다.
5. 감사 인사 - 만나는 사람에게 무조건 "감사합니다. 덕분입니다" 하기
6. 감사일기 쓰기 - 매일 감사한 일들을 기록한다.
7. 불평없이 살아보기 - 하루 동안 불평하지 않고 살아본다.
8. 고마워하게 하기 - 남이 나에게 고마워하게 하기

9. 용서하기 - 용서가 필요한 상황에서 용서하기
10. 먼저 인사하기 - 항상 먼저 인사하기
11. 배려하기 - 다른 사람을 배려하기
12. 눈, 말, 표정으로 감사 전하기
    - 비언어적 표현으로 감사 전달
13. 감사 선물하기 - 감사의 마음을 담은 선물하기
14. 감사 편지하기 - 감사편지 쓰고 전달하기
15. 감사트리 만들기 - 감사할 일들을 나무 형태로 만들기
16. 감사 샤워하기 - 포스트잇 붙이기로 감사 표현
17. 한 손으로 엄지로 감사하기 - 엄지척으로 감사 표현
18. 양손으로 감사하기 - 한 손은 손바닥, 다른 손은 엄지로
    감사하기
19. 즉시 구체적 감사 - 즉시, 화끈하게, 구체적으로
    당사자에게 감사하기
20. 고마운 사람에게 감사 전하기 - 평소 고마운 사람에게
    감사 표현

▶ 기록과 표현 (21-40)

21. 셀 감사 3가지 적기 - 셀에게 감사한 일 3가지 적기
22. 하루 감사 일기 - 하루 동안 감사한 일을 쓰기
23. 감사받기 위한 배려 - 칭찬, 섬김, 장점 말해주기,

의미있는 시간 내주기
24. 교회 감사 5가지 - 교회에 감사한 일 5가지 적어보기
25. 고마운 사람 감사 표현 - 셀리더, 목사님, 부모님, 가족, 자녀, 친구 등에게
26. 불평금식의 날 - 불평금식의 날을 선포하기
27. 고통 속 감사 - 내 삶의 고통을 찾아보고 그것에 감사할 수 있는 이유 찾기
28. 그럼에도 불구하고 감사 - 가족과 주변 사람들에게 할 수 있는 감사 다섯 개 적기
29. 행복 이유 5가지 - 오늘 내가 행복할 수 있는 이유를 다섯 가지 적기
30. 감사 이유 5가지 - 오늘 내가 감사할 수 있는 이유를 다섯 가지 적기
31. 소소한 일상 감사 - 감사일기를 통해 소소한 일상의 소중함 느끼기
32. 감사 파트너 - 자신의 감사일기를 나눌 파트너 찾아 나누기
33. 미리 감사하기 - 오늘 하루 일어날 일들을 떠올리며 감사 고백
34. 도저히 감사할 수 없는 일에도 감사 - 먼저 감사해보기
35. 내게 있는 것 감사 - 내게 있는 것들에 대해 감사하기
36. 뜻대로 안 될 때 감사 - 모든 일이 내 뜻대로 되지 않을 때

감사하기

37. 슬플 때도 감사 - 슬픈 상황에서도 감사하기
38. 하루 50번 감사 - 만나는 사람마다 "감사합니다" 하기
   (하루 50번)
39. 90분 봉사 - 누구에게 무엇을 어떻게 봉사할지 적어
   90분 실행
40. 감사편지 쓰기 - 감사편지 쓰기

▶ 소통과 관계 (41-60)

41. 반미고잘하기 - 반갑습니다, 미안합니다, 고맙습니다,
   잘했습니다
42. 타인 앞에서 칭찬 - 다른 사람 앞에서 감사한 사람을
   칭찬하기
43. 부모님 칭찬 - 자녀들 앞에서 엄마 아빠가 얼마나 고마운
   사람인지 말하기
44. 의미있는 시간 - 고마운 사람과 함께 하고 싶은 일을
   물어보고 같이 하기
45. 감사 선물 - 고마운 사람에게 감사한 마음을 담아 선물하기
46. 사과 과일과 사과 - 사과하고 싶은 사람에게 사과 과일을
   주며 사과하기
47. 덕분입니다 50번 - "덕분입니다"는 말을 50번 하기

48. 하루 두 가지 착한 일 – 하루 두 가지 착한 일 하기
49. 미처 표현하지 못한 감사 – 도움을 주었던 사람에게 구체적으로 감사 표현
50. 하나님 선물 10개 – 하나님이 내 인생에 허락한 선물 10개 적고 감사하기
51. 소망 미리 감사 – 자신이 소망하는 일들을 믿음으로 먼저 감사하기
52. 불평 상황에서 감사 – 불평할 상황에서 돌이켜 감사하기
53. 하루 감사 나눔 5가지 – 하루에 감사 나눔 5가지 하기
54. 마니또 편에서 말하기 – 마니또를 정하고 그 사람 편에서 이해하고 공감하기
55. 감사 영상 나누기 – 감사 영상을 보고 감사를 나누기
56. 감사 실험 – 양파 실험 (감사합니다 vs 미워 싫어 짜증나) 2주간 실행
57. Can 언어 – "당신은 할 수 있습니다. 하나님이 함께하시기 때문입니다."
58. 인정 언어 – "난 널 믿어, 네가 가장 소중해, 당신은 귀중한 존재야."
59. Will 언어 – "당신은 귀한 사람이 될 겁니다. 훌륭한 일을 하게 될 것입니다."
60. 격려 언어 – "힘내세요. 제가 기도하고 있어요."

▶ 칭찬과 예의 (61-80)

61. 칭찬 언어 – "참 잘한다. 대단한데. 수고했어, 네가 최고야."
62. 예의 바른 행동 – 연장자에게 일어서기, 문 열어주기,
　　　　　　　　식탁에서 양해 구하기
63. 감사 박수 – 감사할 사람을 선정하여 감사 동역자와 함께
　　　　　　　박수 쳐주기
64. 순종으로 감사받기 – 질서상 위에 있는 분들에게 순종으로
　　　　　　　　　감사받기
65. 덕분에 챌린지 – 덕분에 챌린지 실행
66. 감동 구절 선물 – 책을 읽고 감동받은 구절을 선물하여
　　　　　　　　감사받기
67. 친필 감사편지 – 친필로 감사편지를 써서 전달
　　　　　　　　(가족, 셀원, 게스트)
68. 경청 선물 – 경청을 선물하기
69. 시간 선물 – 시간을 선물하기
70. 재능 선물 – 재능을 선물하여 감사받기
71. 힘이 되는 말 – 내가 들으면 제일 힘이 되었던 말을
　　　　　　　상대방에게 해주기
72. 함께하는 시간 – 고마운 사람과 함께 차를 먹거나
　　　　　　　　편의점에서 시간 나누기
73. 삼행시 감사 – 상대방 이름을 넣어서 감사내용으로 삼행시

써서 보내기
74. 칭찬 선물 30가지 - 장점, 성취, 생각, 내면의 아름다움 등 칭찬하기
75. 공감으로 감사받기 - 설득하지 말고 공감부터 하여 감사받기
76. 감사상장 수여 - 감사했던 사람에게 감사상장 수여하기
77. 하나님께 감사 표현 - 하나님에 대한 감사 표현하기
78. 수고하는 사람 감사 - 교회, 가정, 직장, 이웃, 사회 공무원에게 감사 표현
79. 웃음인사 선물 - 웃음인사 선물 보내서 감사받기
80. 유머 선물 - 유머선물과 유머 사진을 보내 기분 좋게 하기

▶ 표정과 행동 (81-100)
81. 웃음 인사 - 만나는 사람에게 웃음으로 인사하기
82. 박장대소 선물 - 자신에게 박장대소 선물하기
83. 좋은 얼굴로 대접 - 가장 가까운 사람에게 가장 좋은 얼굴로 대접하기
84. 먼저 웃기 - 먼저 웃어라
85. 포옹 선물 - 포옹 선물하기
86. 봉사 선물 - 봉사 선물하기
87. 감탄 데이 - "어머, 예뻐" 등 감탄 선물하기
88. 스마일 데이 - 표정 미남, 표정 미녀로 살기

89. 선물 데이 – 선물하는 날
90. 간식 데이 – 간식을 나누는 날
91. 하트 데이 – 하트를 표현하는 날
92. 게스트 데이 – 게스트를 위한 날
93. 외식 데이 – 외식하는 날
94. 편의점 데이 – 편의점에서 만남 갖기
95. 10번 섬기기 – 남을 배려하여 10번 섬겨주기
96. 100번 감사 전하기 – 오늘 만나는 사람마다 감사 전하기 (100번)
97. 음식 감사 – 음식과 간식, 음료 먹을 때 주신 분과 하나님께 감사하기
98. 자신에게 감사 – 자신에게 감사한 일을 찾아서 감사하기
99. 일상 감사 고백 – 하는 일마다 감사할 일을 찾고 감사 고백하기
100. 나소너소우소 선물 – 기쁘다, 소중하다, 너무, 소망, 우리, 소원 등의 말 선물하기

▶ 특별 봉사와 실천 (101-120)

101. 흑기사 되기 – 상대방이 힘든 일을 대신 해주기
102. 자신에게 선물 – 자신에게 꽃, 맛있는 음식, 영화 등 선물하기

103. 감사 일기 미션 – 감사 일기 진행 상황 점검
104. 교회 감사 보내기 – 송전교회 감사한 일 보내기, 유튜브 추천하기
105. 찬양 선물 – 감사한 사람에게 찬양을 선물하기
106. 미리 감사의 날 – 미래 일을 미리 감사하기
107. 인사 데이 – 인사에 집중하는 날
108. 돌이켜 감사 – 과거를 돌이켜 감사하기
109. 믿음 감사 – 믿음으로 감사하기
110. 과일 데이 – 과일을 나누는 날
111. 범사 감사 100번 – "범사에 감사합니다" 100번 말하기
112. 축복합니다 100번 – "예수님의 이름으로 축복합니다" 100번 말하기
113. 칭찬 100번 – 다양한 칭찬의 말 100번 하기
114. 사랑합니다 100번 – "사랑합니다" 100번 말하기
115. 하나님 은혜 감사 – 하나님의 은혜에 대해 감사하기
116. 명절 감사카드 – 명절 감사카드 보내기
117. 자신만을 위한 음식 – 자신만을 위한 음식 먹기
118. CTS 칼럼 보내기 – CTS 칼럼 보내기
119. 리더와 셀원 감사점 – 리더와 셀원에게 고마운 점 보내기
120. 상대방 감사일기 등장 – 상대방의 감사 일기에 등장하기

▶ 지속적 실천과 축제 (121-150)

121. 배려의 날 – 배려에 집중하는 날
122. 담임목사님 위한 기도 – 담임목사님을 위해서 감사하고 기도하는 날
123. 10q 5q 하기 – 감사 표현 방법 실천
124. 감사 시력 높이기 – 감사를 발견하는 능력 기르기
125. 겸손의 날 – 겸손을 실천하는 날
126. 그래도 감사의 날 – 어려운 상황에서도 감사하기
127. 일상 감사의 날 – 일상의 작은 것들에 감사하기
128. 결핍 감사의 날 – 부족함 속에서도 감사하기
129. 즐거운 사람 되기 – 함께 있으면 즐겁고 유익한 사람 되기
130. 관심 보이기 – 상대방의 일, 외모, 건강에 관심 보이기
131. 많이 웃고 웃기기 – 많이 웃고 많이 웃기기
132. 먼저 편이 되기 – 상대방의 편이 되어주기
133. 헤어질 때 인사 – "즐거웠어요, 유익했어요, 아쉽습니다" 인사하기
134. 감사 커피 릴레이 – 감사커피와 5감사메모 전달하는 축제
135. 섬길 가정 정하기 – 한 가정을 정하여 매주 섬기기
136. 감 선물하기 – 결실의 계절에 감사한 분에게 감 선물
137. 엘림카페 상품권 – 감사한 분에게 무명으로 상품권 선물
138. 등 토닥이며 격려 – 만나는 모든 분에게 등을 토닥이며

"괜찮아" 말하기
139. 외모 칭찬하기 - 만나는 모든 분에게 외모 칭찬하기
140. 성경구절 감사 선물 - 은혜받은 성경 구절을 감사 선물하기
141. 얼굴 팩 해주기 - 가족에게 얼굴 팩 해주며 감사하기
142. 게스트와 걷기 - 게스트와 함께 걸으며 감사 나누기
143. 새신자 감사 문자 - 우리 교회 새신자에게 감사 문자 보내기
144. 셀리더 섬기기 - 수고하는 셀리더를 하루 왕과 왕비처럼 섬기기
145. 셀원에게 몰아서 선물 - 셀원 중 한 명에게 선물 하나씩 해주기
146. 감사 인사로 하루 - 가족끼리 감사의 인사로 하루를 시작하고 마무리
147. 텐큐 운동 - 감사 인사 10번하고 10번 선행으로 감사 인사받기
148. 수고한 분에게 감사 - 강의, 셀 모임, 수업 이후 수고한 분에게 감사하기
149. 감사 댓글 달기 - 인터넷 쇼핑 후 감사 댓글 달기
150. 인사 정성껏 받기 - 인사를 정성껏 받아주기

▶ 생활 밀착형 감사 (151-180)
151. 생수 감사하기 - 생수를 사서 감사 전하기

152. 택배기사 감사 - 택배기사님에게 감사 표현하기
153. 감사 나눔 데이 - 가족 감사 나눔 데이 진행
154. 비비불의 데이 - 비난, 비판, 불평하지 않는 날
155. 감사시 나누기 - 감사시를 써서 셀에서 나누기
156. 감사 해서 나누기 - 감사 내용을 셀에서 나누기
157. 감사동영상 전달 - 감사동영상 전달하기
158. 감사 미소 - 감사합니다, 사랑합니다, 미안합니다, 소중합니다
159. 나무작지 감사 - 나무작지(나는 무조건 작고 지금) 감사의 날
160. 감사미소 4행시 - 감사미소로 4행시 짓기
161. 당연감사 편지 - 당연하게 생각했던 것들에 대한 감사편지
162. 은혜받은 말씀 나눔 - 은혜받은 말씀 구절 나누기
163. 미인대칭의 날 - 밝은 미소, 따뜻한 인사, 정겨운 대화, 칭찬
164. 당신이 나의… - "당신이 나의 ~이어서 좋아요" 표현하기
165. 하루 시작과 마무리 - "오늘도 행복한 하루가 되세요" "수고하셨습니다"
166. 열심히 생활하는 당신 - "오늘도 열심히 생활하는 당신 멋진 분이십니다."
167. 크리스마스 파티 - 크리스마스 파티 진행
168. 땡큐축제 - 성탄절 감사 축제, 삼행시 4행시
169. 5Q 하루 다섯 번 - 하루 다섯 번 "감사합니다" 듣기

170. 감사글 보내기 – "감사는 최고의 항암제" 글 보내기
171. 감탄 데이 – 경청, 고개 끄떡, 감탄언어 사용
172. 송구영신 감사편지 – 한해 감사하는 편지 쓰기
173. 새해 덕담 보내기 – 게스트, 성도, 자신, 가족에게 덕담
174. 약속의 말씀 축복 – 약속의 말씀으로 자신과 남을 축복하기
175. 미리쓰는 감사 뉴스 – 2022년 10대 감사 뉴스 미리 작성
176. 그해 10대 감사 뉴스 – 송구영신 예배용 10대 감사 뉴스
177. 송전교회 영상 전도지 – 게스트에게 교회 소개 영상 전달
178. 집중 감사 – 한 명을 선정하여 집중적으로 감사 표현
179. 자녀들에게 감사 5가지 – 저녁 시간에 자녀들에게 감사한 것 나누기
180. 무조건 안아주기 – 무조건 안아주기

▶ 기도와 나눔 (181-200)

181. 중보기도 해주기 – 중보기도 해주기
182. 교회 홈피 전하기 – 교회 홈페이지 영상 전도지 전하기
183. 생각 감사 – 가정예배에서 절대감사 나누기
184. 나에게 감사하기 – 자신의 장점과 성취에 대해 감사하기
185. 영상 전도지 사용 – 키즈랜드, 행복 백신 등 영상 사용
186. 비타민 챙겨주기 – 비타민 챙겨주는 날
187. 게스트 경청 – 게스트 말 경청해주는 날

188. 가족대화의 날 – 가족 경청해주는 날
189. 엄요날 – 엄마가 요리하는 날
190. 남차세 – 남편 차 세차하는 날
191. 억만장자의 날 – 억지로 많이 길게 자신있게 한바탕 웃는 날
192. 약속데이 – 게스트나 가족들과 미뤄둔 약속 지키는 날
193. 친절데이 – 무조건 친절 베푸는 날
194. 가족 산책의 날 – 가족과 산책하는 날
195. 자연 계절 선물 – 봄꽃 사진 찍어 보내는 날
196. 감사 걸음 100보 – 한걸음마다 "감사합니다" 고백하며 걷기
197. 감사돌 사용 – 감사돌 만지기 50번 실시
198. 가족과 행복한 시간 – 가족과 함께 행복한 시간 보내기
199. 부모님과 영상통화 – 부모님과 영상통화하기
200. 칭찬 발언 10가지 – 감사합니다, 훌륭합니다 등
                             칭찬 발언하기

▶ 사과와 회복 (201-230)

201. 사과데이 – 사과를 선물하며 사과하는 날
202. 스스로 토닥토닥 – 나를 위한 쉼과 감사편지 쓰기
203. 부모 자녀간 세족 – 부모 자녀 간 세족하고 감사편지 쓰기
204. 목회자 성도 간 감사 – 감사 영상, 녹음 파일 보내기
205. 이웃에게 감사 – 이웃에게 감사편지, 감사선물하기

206. 환경을 위한 감사 - 일회용품 사용 멈추기,
　　　　잔반 남기지 않기
207. 하나님께 감사하기 - 하나님께 감사하기
208. 10-10감사 운동 - 매일 감사 인사 10번하고
　　　　10번 선행으로 감사받기
209. 감사 안경 쓰기 - 모든 것을 감사로 바라보고 고백하는 날
210. 감사 사진 찍기 - 감사한 일에 관해 사진 찍어 저장하고
　　메시지 보내기
211. 감사 기억하기 - 자신의 감사를 생각나게 하는 물건 만들기
212. 감사 근육 기르기 - 자신에게 감사할 일 50가지 적어보기
213. 감사 표현하기 - 자녀, 배우자, 부모님에게 다양한
　　　　방법으로 감사 표현
214. 감사 보물 찾기 - 일상 속 숨어있는 감사거리를 찾아
　　　　10개 달성 시 자신에게 선물
215. 나에게 감사와 칭찬 - 스스로 토닥토닥 안아주고
　　　　나를 위한 편지쓰기
216. 가족에 대한 감사와 사과 - 부모 자녀 간 감사 질문,
　　　　편지쓰기, 꼭 안아주기
217. 교회에 대한 감사 - 목회자, 성도에게 감사 영상이나
　　　　녹음파일 보내기
218. 이웃에 대한 감사와 배려 - 이웃에게 감사편지, 선물하기,

배려하기
219. 환경에 대한 감사와 실천 – 텀블러 사용, 잔반 안 남기기, 대중교통 이용
220. 나라에 대한 감사와 사랑 – 나라를 위해 기도하고 복음의 역사 나누기
221. 덕분에 감사 – "덕분에 감사하다"는 말하기
222. 감탄하는 말 – "이야, 와우, 대박, 짱" 등 감탄 표현
223. 힘이 나는 말 – 나에게, 남에게 힘이 나는 말하기
224. 감사합니다로 마무리 – 모든 문장을 "감사합니다"로 마무리하기
225. 작고 사소한 것 감사 – 작고 사소한 것에 감사하기
226. 자기 긍정확언 플러스 감사 – 자기 긍정확언과 감사하기
227. 함께 감사하기 – 다른 사람들과 함께 감사하기
228. 그럼에도 감사하기 – 어려운 상황에서도 그럼에도 불구하고 감사하기
229. 누군가에게 감사제목 되기 – 다른 사람의 감사 제목이 되어주기
230. 있다 감사 – 존재 자체에 대해 감사하기

특·별·수·록·4

특별 감사 프로젝트

▶ 칭찬 액자 프로젝트
- 자신의 장점 100가지 적기
- 전도대상자 장점 50가지 써서 주기

▶ 삼행시 감사 선물 대상
배우자, 엄마, 아빠, 셀리더, 셀원, 교사, 학생들, 게스트, 친척, 시무 장로님들, 권사님, 안수집사님 등

▶ 칭찬 선물 30가지 대상
게스트, 시무 장로님들, 자기 자신(성격, 외모, 믿음, 인간관계, 봉사생활 등), 권사님, 안수집사님

▶ 매주 실천 미션

- 배달기사 미션
- 불평금지 미션
- 무조건 감사 미션

▶ 월별 집중 실천
- 월요일 : 노래 선물
- 화요일 : 불평 금식의 날
- 수요일 : 무조건 감사, 범사 감사 100번 말하기
- 목요일 : Will언어로 축복하기 (게스트 대상)
- 금요일 : 나소녀소우소 선물하기
- 토요일 : 스마일데이 / 나무작지 무조건 감사
- 주일 : 하나님의 은혜 감사하기

▶ 명절 기간 특별 감사
- 월요일 : 셀프 감사
- 화요일 : 비비불 데이
- 수요일 : 명절 카드 (게스트)
- 목요일 : 명절 카드 (가족)
- 금요일 : 명절 카드 (교회)
- 토요일 : 나무작지
- 주일 : 격려 감사 (명절 수고)

▶ 성탄 기간 특별 감사
- 성탄카드 (게스트/가족/성도)
- 목요일 : 선물 교환식, 선물 보내기

▶ 연말연시 감사
- 12월 31일 : 송구영신 준비
  (약속 말씀, 소원기도 카드, 신년 감사헌금)

특·별·수·록·5

여름 셀별 캠프

1. 행사 개요
셀별로 여행을 하거나 캠핑하며 소중한 추억을 만든다.

2. 행사 목적
셀리더와 셀원이 캠핑과 여행을 준비하고 진행하는 과정에서 특별한 추억을 나눈다.

3. 행사의 장점
(1) 셀원들과 여행을 준비하면서 구경꾼이 아닌 참여자가 된다. 기존의 형태는 몇몇 리더들이 중심이 되어 움직였다. 그러다 보니 방관자가 되는 학생들이 생길 수 있다. 하지만 셀별로 하면 모든 학생이 참여자가 될 수 있다.

(2) 셀원들과 굉장히 가까워질 수 있는 장점이 있다.

(3) 교회에 나오지 않았던 셀원과 게스트들과 좋은 관계를 맺을 수 있다.

(4) 셀원들과 좋은 추억을 만들어 주었다.

4. 준비과정

(1) 셀별로 캠프 장소와 기간을 선정하여 프로그램 계획하기

(2) 기간 : 1박 2일 혹은 하루로 정한다.

(3) 기획서를 제출한다.

(4) 홍보

   1) 교회 전체 현수막 게시

   2) 각 셀별로 포스터를 만들어 게시한다.

   3) 셀별 카톡 이미지를 사용한다.

   4) 기도로 준비하기

      캠프 한 달 전부터 셀리더가가 순서를 정해 돌아가며 기도하는 릴레이 기도와 새벽기도로 준비한다.

      또한 한 끼 이상 금식기도를 한다.

   5) 게스트가 참석하도록 한다.

(5) 셀별 시상

   1) 기획안 제출

   2) 포스터 제출

   3) 평가서 제출

4) 서머캠프 카톡 이미지 사용

5) 게스트 참여

6) 1박 2일로 진행 등

5. 캠프 종류의 예들

(1) 춘천 남이섬

(2) 한탄강 레프팅

(3) 안면도

(4) 가평 번지점프, 남이섬

(5) 망상 해수욕장, 캠핑

(6) 가평 바비큐

(7) 을왕리 해수욕장 바비큐

(8) 근처 하이킹 캠프장

(9) 기차 여행(정동진 등)

● 요일 : 서로 논의해서 가는 것이다.
　　　　금, 토 또는 주일, 월요일 가능하다.

6. 셀별 캠프 기획안 샘플

(1) 일시 : 7월 중순부터 8월 초순까지 다음세대 방학기간으로 정한다.

(2) 장소 : 캠핑장, 워터 파크

(3) 참가 인원 및 전도 인원

셀이름	셀 참여 인원	전도 대상	동생, 가족	총 인원

(4) 행사 일정

1) 하루 일정

시간(주일)	일 정	비 고
13:30 -	목사님 기도 후 출발	김밥과 어묵국 (교회식당)
14:00 - 17:30	워터파크 물놀이	워터파크에서 간식
17:30 - 18:00	캠핑장으로 이동	
18:00 - 19:30	저녁식사	삼겹살 파티
19:30 - 20:00	4W 나누기	주제에 맞춰서 쉽게 나눈다
20:00 - 21:00	레크리에이션	선물 증정
21:00	귀가	교회, 부모님 차량이동

2) 1박 2일

날짜	시 간	행사 내용
1일차	09:00 -	교회에서 모임 / 목사님 기도 후 출발
	10:30 -	워터파크에 도착
	10:30 - 12:30	물놀이
	12:30 - 14:00	점심 및 휴식
	17:00	교회로 이동
	17:00 - 17:30	4W
	17:30 - 20:00	교회에서 바비큐 파티
	20:00 - 21:00	레크리에이션
	21:00 - 22:00	세면 후 취침 준비
	22:00 -	취침
2일차	08:00	산책
	08:00 - 09:00	4W
	09:00 - 10:00	아침식사 및 정리
	10:00	집으로

(5) 셀별 일정 및 장소

행사 일정	반교사	차량	장소 / 프로그램
13. 7. 20 (토)		안함	자연식물원, 교회에서 케이크 만들기
7. 21. (주일)		12인승	만화박물관, 캠핑장, 바비큐
7. 24. (수)		안함	목동 아이스링크, 영화관람, 저녁식사
7. 25(목)-26(금)		12인승	연극관람, 워터 파크, 캠핑장
7. 26. (금)		12인승	물놀이장, 캠핑장, 바비큐
7. 26(금)-27(토)			영화관람, 수영장, 캠핑장
8. 1(목)-2(금)		버스	워터파크, 캠핑장, 바비큐
8. 4(주)-5(월)		12인승 2대	야외수영장, 농촌체험
8. 11(주)-12(월)		안함	수영장, 집에서 파자마 토크

7. 첨부 서류

- 기획안
- 진행 보고서
- 평가서